LE GRAND IRAN

AMIR JAHANSHAHI
Conversations avec Renaud Girard

LE GRAND IRAN

Mon engagement

BERNARD GRASSET
PARIS

ISBN : 978-2-246-82472-5

Amir Jahanshahi, vous êtes, en apparence, un riche entrepreneur polyglotte, qui appartient aux happy few de l'élite financière mondialisée, gardant toujours un œil sur ses proches et un autre sur un écran de Bloomberg TV. Mais j'ai remarqué que vous ne cultiviez pas le scepticisme et l'humour un peu hautain de votre caste. Vous êtes en réalité, au plus profond de vous, un patriote iranien. Vous avez, depuis vingt-cinq ans que je vous connais, une obsession : libérer toutes les potentialités de votre nation. Vous avez passé votre enfance et votre adolescence en Iran. Quel est le souvenir qui vous y a le plus marqué, jusqu'aujourd'hui ?

C'était le mois de juin, je n'avais pas encore 12 ans, durant la période des examens de fin d'année, la veille du contrôle portant sur les « leçons religieuses ». J'étais un élève très moyen partout, sauf en sciences. Dans les autres matières, je faisais le strict minimum et parfois encore moins, juste ce qu'il fallait pour passer dans la classe supérieure. Je voulais aller me coucher et je m'aperçus que non seulement je n'avais rien préparé pour l'examen du lendemain, mais que j'avais même oublié l'existence de cet examen.

Je me dirige alors vers mon bureau, je sors le livre « leçons religieuses » qui devait avoir cent quatre-vingts à deux cents pages, traitant des sujets différents, chaque sujet faisant six à sept pages ; le sujet de l'examen devait être l'un d'entre eux.

J'ai toujours eu une très bonne mémoire des chiffres, capable de les analyser et mémoriser avec une très grande facilité, mais j'étais très paresseux pour la mémorisation de tout ce qui était littéraire, poésie, et même orthographe…

Quand j'ouvre le livre, je me dis que non seulement il m'est impossible d'apprendre toutes ces pages par cœur, mais que même si je choisis un seul sujet au hasard et en comptant sur la chance, je serais en tout cas incapable de le connaître sur le bout des doigts, car il fallait bien réciter le sujet et non pas l'interpréter ou le raconter.

Comme il m'arrive depuis toujours et encore aujourd'hui, quand je ne peux résoudre un problème tard dans la nuit, quelle que soit sa gravité, je ne me tourmente pas et je vais dormir en oubliant très provisoirement le sujet de mon inquiétude, qui sera remis à mon réveil. Et c'est finalement ce que je décide de faire ce soir-là en m'endormant.

Je me réveille dans un espace immense, il fait nuit mais il fait très clair.

Je sais qu'il fait nuit, mais je vois tout. Il y a des rangées d'arbres fruitiers à l'infini, notamment des orangers et des citronniers, d'une beauté indescriptible, avec des allées horizontales et verticales. Sans me poser de questions, car je ne sais ni d'où je viens ni où je suis, j'avance sur le passage qu'on m'a tracé, sans dévier ni à gauche ni à droite. Je franchis trente ou quarante mètres, et soudain j'aperçois de loin, à une vingtaine de mètres, un personnage habillé en noir couvert de la tête aux pieds.

Je le vois d'un seul coup, mais c'est probablement l'effet de distance combiné à la nuit (même très éclairée) qui me donne cette impression d'apparition sortie de nulle part, en tout cas c'est ce que je ressens.

Je vois donc le personnage, son visage n'est pas couvert mais il est flou, je ne peux distinguer ni ses yeux, ni son nez, ni sa bouche…, et tout le reste est couvert.

J'avance vers lui, il avance vers moi, et quand nous sommes à environ deux mètres de distance l'un de l'autre, il s'arrête – je m'arrête aussi – et il me demande : « Quel est ton problème ? »

Je lui dis : « J'ai un examen demain matin, je n'ai rien appris et je n'y connais rien » et lui explique qu'en dehors des matières scientifiques, je suis un élève plutôt moyen dans les autres matières et que demain, c'est l'examen de l'une de ces matières, « leçons religieuses », et je lui précise que si je rends copie blanche, ce serait catastrophique car avoir une mauvaise note est une chose, mais rendre copie blanche hypothéquerait probablement mon passage dans la classe supérieure. J'ajoute que j'avais même envisagé de choisir l'un des chapitres au hasard et de l'apprendre par cœur, mais mon incapacité à mémoriser de longs textes, combinée à la probabilité que le chapitre choisi sur les trente ou quarante existants sorte le jour de l'examen, m'a découragé dans cette tentative inutile et insensée.

C'est ainsi que je lui présente mon problème, pour lequel je n'ai aucune solution.

Dans son visage flou, je crois déceler un regard et l'apparition me dit : « Ce n'est pas grave, tu ouvriras la page 125, tu apprendras ce chapitre-là, et tu passeras ton examen. »

Il me demande si j'ai d'autres problèmes, je dis non ; il se retourne alors et repart sur le même chemin. Il disparaît peu à peu de mon champ visuel, dans cette nuit anormalement éclairée.

Je ne sais pas où je suis, je continue donc sur le même chemin, sans savoir où je vais.

À cet instant, je me réveille.

J'ai toujours froid, je vis dans des pièces surchauffées, à la limite du supportable pour les autres, et n'ai jamais chaud. Mais quand je me réveille ce soir-là, je suis complètement trempé de transpiration, comme si je sortais d'une piscine, mon pyjama est mouillé, les draps et la couverture aussi.

Je me lève, et je me sèche mécaniquement sans même prendre une douche, je mets un autre pyjama et me dirige vers mon bureau, le livre est toujours posé sur la table, et sans même réfléchir je l'ouvre à la page 125. Il est cinq heures trente du matin, alors que d'habitude je me réveillais vers sept heures trente pour me préparer à aller à l'école.

La page 125 est en effet un en-tête de chapitre. Je fais abstraction de ma paresse habituelle d'apprentissage de textes par cœur et je le lis attentivement à deux reprises.

Quand je me rends à mon examen, je constate avec stupéfaction que non seulement le sujet de l'examen est bien celui que j'ai appris, mais que j'ai pu mémoriser avec exactitude l'ensemble de ce texte de six à sept pages.

Je rends ma copie, et quand, bien plus tard, l'instituteur (M. Hodjat) nous annonce le résultat de l'examen, il s'approche de moi et me dit à l'oreille : « Jahanshahi, je sais que tu as triché, comme je ne t'ai pas attrapé, je ne peux rien faire, mais l'année prochaine je t'attraperai si tu recommences. » Je le comprends, car comment peut-il imaginer qu'un élève aussi moyen que moi puisse avoir ce jour-là la meilleure note de la classe ?

C'était un examen sur la religion, je voulais lui dire, à lui, le professeur de religion, ce qui s'était passé, je voulais lui expliquer comment j'avais eu la meilleure note, mais je ne pouvais rien lui dire, car il ne m'aurait jamais cru.

Je descends d'une famille religieuse, mes parents et mes arrière-grands-parents paternels sont issus d'une grande famille chiite, tous très croyants et très ancrés dans la religion ; nous sommes des descendants du Prophète, des « Sayyed » ; mon arrière-grand-père maternel Sheikh Khaz'al était sunnite, mais lui aussi converti au chiisme.

Jusqu'à ce jour-là, et malgré mon appartenance chiite et la croyance chiite de ma famille – surtout de ma gouvernante, Ashraf, femme extrêmement pieuse qui m'a élevé dans cette croyance (elle est restée avec moi jusqu'à l'âge de treize ans, je ne l'oublierai jamais) et alors que je portais, suspendue à mon cou, une pierre couleur orange avec des versets du Coran, offerte par elle –, j'étais resté très loin de la religion, parce que je vivais dans un monde qui était le mien, c'est-à-dire un monde dans lequel les questions matérielles primaient sur tout le reste.

Ce n'est qu'après cet événement, qui s'est reproduit à plusieurs reprises sous différentes formes et à des moments très particuliers de ma vie, et encore récemment, que je me suis posé la question de la croyance de l'homme et de son rapport à Dieu.

Moi qui suis né chiite, après ce premier événement vécu, je me suis posé la question de son sens et sa signification. Est-ce le hasard que je m'endorme, que l'on me donne le numéro de la page que je dois apprendre, que je mémorise les six ou sept pages – ce qui était impensable avant – du sujet qui va effectivement sortir à l'examen ? Ou est-ce autre chose ?

Je suis naturellement arrivé aux conclusions suivantes :

- Dieu existe.
- Dieu a envoyé les prophètes pour les trois religions.
- Dieu n'est pas là pour régler les problèmes matériels des uns et des autres, y compris les plus graves (les famines, les guerres, les injustices...).
- L'homme peut avoir une relation directe avec Dieu, mais cette relation ne peut se nouer qu'en des occasions très particulières. Dieu ne peut venir en aide à une personne, quelle que soit sa détresse ou la gravité et l'injustice de sa situation, car c'est à nous, individuellement et par la suite collectivement, de régler les problèmes et les injustices. Mais Dieu peut venir en aide à quelqu'un à un moment donné, parce qu'Il juge que cette personne sera en situation, le jour venu, de mener des changements majeurs pour le bien collectif.

Si Dieu juge, à un moment donné, qu'un événement peut faire dévier une personne du chemin qui peut lui être un jour tracé, Il peut lui venir ponctuellement en aide.

C'est la seule explication que j'ai trouvée à ces événements qui ont jalonné ma vie.

Je suis convaincu que Dieu m'est venu en aide à plusieurs reprises, mais cela ne veut pas dire que je jouerai nécessairement le rôle qui était peut-être prévu pour moi à l'origine.

Ce n'est donc qu'après cet événement que je suis devenu profondément croyant, certains diront même maladivement croyant. Car je considère que la volonté divine prime sur la capacité rationnelle de l'homme, ce qui peut être en contradiction avec une pensée rationnelle.

Cet événement s'est reproduit à plusieurs reprises et peut-être cela n'aboutira-t-il à rien, ni dans ma vie ni dans celle des autres, mais c'est ainsi que ma pensée et ma réflexion religieuse ont été façonnées.

Depuis ce jour où je me suis réveillé, j'ai toujours humblement pensé que le meilleur est provisoire et peut basculer vers le pire à tout moment, non par le hasard, mais parce que Dieu en a décidé ainsi. Et dans les pires des moments, alors que je considère que Dieu n'est pas là pour régler les problèmes individuels ou même collectifs, j'ai la certitude que s'Il me juge utile d'une manière quelconque, Il modifiera le cours des événements, alors que cela peut paraître impossible.

Vous avez donc un rapport très particulier avec Dieu, depuis l'âge de 12 ans. Comment s'est manifestée, dans les différents épisodes de votre vie, cette relation privilégiée ?

Auparavant, même si je n'avais que 12 ans, j'avais un regard très superficiel, court-termiste et égoïste sur la vie, ses perspectives et ses péripéties. Je regardais la vie comme une succession d'événements, sur laquelle on n'avait pas prise ; les problèmes qui survenaient, on les réglait si on pouvait, sinon on passait à autre chose. Il n'y avait pas une ligne conductrice dans la gestion des événements, des sentiments, des problèmes et de l'ambition au sens noble du terme.

Cet événement m'a donné un socle, une force intérieure, une volonté, une protection. La croyance que j'ai une mission et que je dois l'accomplir.

Depuis ce jour, je fais face aux problèmes sans les contourner, car j'ai la conviction que je peux les régler, quelles que soient l'importance et la complexité de la tâche. Depuis ce jour, je n'ai pas peur de la mort ; certes elle me hante, mais par peur d'une séparation provisoire d'avec les personnes que j'aime et par crainte du devoir non accompli si je dois partir avant l'heure.

Depuis ce jour, la vie sur Terre est une étape vers d'autres horizons, je me dois de la bâtir du mieux que je peux pour qu'elle soit le plus utile dans une construction collective. Je sais que la force divine me protège et me guide vers mon chemin. Cet événement, qui s'est reproduit à plusieurs reprises sous diverses formes depuis cette date, est-ce une vue d'esprit ? Une accumulation de hasards heureux ? Ou une réalité ? C'est une réalité qui s'est transformée en une profonde conviction, pour ne pas dire certitude, de la protection divine.

Ce qui compte est l'utilisation que je fais de cette certitude, qui me permet d'aller de l'avant.

Quelques mois avant la révolution de février 1979, mon père, grand serviteur de l'État, homme honnête et libéral au sens démocratique, a été jeté en prison par le Shah. Je voyais le mouvement de la foule, le mouvement populaire, je le comprenais, mais mon histoire familiale et les circonstances ne me permettaient pas d'y participer.

Jusqu'à l'arrivée de l'ayatollah Khomeiny, on savait que le mouvement était contre le Shah et son régime, mais sur quoi allait-il aboutir ?

C'est le jour où j'ai mis les pieds sur le tarmac de l'aéroport de Téhéran, ville qui comptait à l'époque trois millions cinq cent mille âmes, et que j'ai vu une population de près de quatre millions de personnes noircir toutes les artères de la capitale, que j'ai compris : le peuple voulait une révolution islamique.

Si un certain nombre d'intellectuels ont cru se faire confisquer leur révolution au profit d'une révolution islamique, seules leur naïveté et leur cupidité pour le pouvoir étaient responsables de leurs illusions, car l'ayatollah Khomeiny, qui était l'étendard de cette révolution, avait tout dit et écrit dans son livre. Le peuple souverain l'a choisi alors et l'a confirmé au moment du référendum quelques mois plus tard, même si, depuis, la patine du temps a donné à tout cela une forme plus lisse.

Vous êtes, à l'époque, un adolescent des classes de l'ancien régime. Vous assistez à des rassemblements de 4 millions de tchadors et barbes noires dans la rue... Quelle est votre réaction ?

L'adolescent sait qu'une page de sa vie est en train de se tourner, que sa vie rentre probablement dans une période d'angoisse, de souffrance et d'inconnu.

La révolution sera actée quelques jours plus tard.

Je le comprenais mais je ne pouvais y prendre part.

Mais pourquoi votre père était-il alors en prison ?

Parce que le Shah en avait décidé ainsi. J'ai su bien plus tard que les Américains lui avaient suggéré de sacrifier quelques grands serviteurs de l'État, dont mon père faisait partie, mélangés à quelques personnalités haïes par le peuple dans l'entourage direct et proche du Shah, histoire de tenter de sauver son régime.

Et votre mère, et vos frères et sœurs ?

Ma mère était divorcée depuis longtemps et j'avais une sœur cadette. Mais l'adolescent que j'étais souffrait de l'embastillement de son père tout en se sentant proche de ce mouvement populaire. Je sentais qu'il n'y aurait probablement que souffrance et douleur pour moi au terme de ce mouvement, tout en éprouvant à son égard une sorte de solidarité paradoxale.

J'ai donc pris acte que le chemin de ma vie serait dévié, en tout cas momentanément et peut-être pour longtemps, de mon pays que j'aimais tant malgré mon jeune âge.

C'est ainsi que l'élève moyen décide de se consacrer à la seule chose qui lui reste : ses études. L'école était fermée depuis plusieurs semaines, et venait de rouvrir ses portes après la victoire de l'ayatollah Khomeiny.

Nous sommes en février, à quelques mois des examens du bac, je vivais chez une cousine, ma sœur résidait chez les parents de l'une de ses amies, et mon père se trouvait en prison. Cette géographie familiale résumait bien notre nouvelle vie.

Je me suis mis à travailler comme un fou pour rattraper le retard accumulé depuis si longtemps sur les matières non scientifiques. Et j'obtins mon bac scientifique avec mention bien.

J'ai pu rendre visite à mon père en prison, avant de quitter le pays pour faire mes études universitaires en France. C'était une déchirure de quitter mon père et mon pays dans ces conditions, car je ne savais pas quand je les verrais à nouveau.

Mais j'avais la certitude que je les reverrais l'un et l'autre un jour. Toujours cette force intérieure, cette conviction d'être protégé.

Avant de quitter votre pays natal, avez-vous eu un dialogue avec Dieu, pour vous encourager à partir ?

Non. Notre culture familiale m'avait programmé pour faire mes études universitaires en France. Certes, je n'avais pas anticipé de quitter le pays dans ces conditions, mais je partais à l'âge prévu, vers le pays prévu.

Au moment du départ, j'avais une petite valise, ridiculement petite et anormalement vide, mais j'étais gonflé par une volonté et une croyance que tout serait possible.

Je quittais le pays en tournant la page du passé, son confort, l'avenir brillant qui m'était promis, mais je partais sans regrets, sans aigreur, sans rancœur, allégé de tout ce passé et libre de tout écrire à partir d'une feuille blanche.

Qui d'autre que Dieu pouvait me donner une telle force alors que j'avais tout perdu ?

Arrivé en France, vous étiez logé où ?

Dans une petite chambre, quai André Citroën, dans le 15e arrondissement de Paris. J'étais réfugié politique, je recevais une allocation de refugié, qui me permettait de payer mon loyer (l'université était quasi gratuite) et de subvenir à mes besoins alimentaires. J'étais obligé d'être très économe. Par exemple, quand j'achetais, au supermarché du coin, une barquette de céleri rémoulade, plat français que j'aimais par-dessus tout, elle devait me durer quatre jours. Avec un couteau, je la divisais en quatre parts égales et, chaque soir, je mangeais une part, étalée sur une très bonne baguette de pain.

C'est difficile à croire, mais dans cette nouvelle vie qui était la mienne, il n'y avait ni souffrance, ni douleur : uniquement de l'espérance. Ayant effacé le passé d'un trait, je n'avais plus de points de repère.

Vous aviez des amis ?

J'étais concentré sur mes études, je ne fréquentais presque personne, même pas mes amis d'enfance installés à Paris. J'avais un seul ami, qui est aujourd'hui comme mon frère. Il s'appelle Didier Morello, je l'ai connu en première année de fac à Assas, il vit aujourd'hui dans le sud de la France.

Et aucune nouvelle « vision » ?

Si. Elle survint vers la fin mai de l'année suivant mon arrivée en France. C'était l'heure du déjeuner et j'avais un peu plus de quatre heures avant mon prochain cours. D'habitude, je prenais un petit sandwich ou une madeleine dans les distributeurs qui se trouvaient dans le grand hall de la faculté de droit et d'économie d'Assas, devant l'entrée de l'amphithéâtre (je n'aimais pas m'installer à table pour déjeuner et c'est toujours le cas) et ensuite je montais travailler dans la bibliothèque ou dans la salle d'études qui se trouvait à l'entresol. Ce jour-là, je ne sais pourquoi, j'ai décidé de rentrer chez moi (dans ma petite chambre de 12 ou 13 mètres carrés), pour faire la sieste. Je n'avais jamais fait de sieste de ma vie et je n'en ai plus jamais fait depuis.

J'étais très heureux ce jour-là de rentrer dans mon « chez moi ». Une petite pièce avec un lit de 90 centimètres de large, un pouf couleur blanc et une petite table de travail derrière le lit, avec un réveil et un téléphone posés dessus. Ce téléphone, de couleur grise, était mon seul luxe. Je l'avais pris pour que mon père puisse m'appeler le jour où il sortirait de prison, car j'avais la certitude qu'il sortirait, même si dans les circonstances de l'époque, c'était impensable.

Je règle mon réveil (un réveil typique des années 70, rond et de couleur orange) pour sonner dans deux heures.

Avant de m'endormir, je regarde l'heure, il est 13 h 30, et je dis : « Mon Dieu, mon père ne mérite pas de se retrouver dans cette situation, lui qui a toujours aidé ceux qui étaient dans la souffrance à cause de leurs idées politiques ou dans le besoin à cause de leur situation économique. » Je remercie Dieu car, quoi qu'il en soit, Il l'a protégé en le gardant en vie. Puis je m'endors, d'un sommeil de plomb.

Le téléphone sonne, je me réveille, je décroche. C'est mon père au bout du fil.

Je lui demande « Où es-tu ? », il me répond : « Je viens de sortir de prison, je t'appelle d'une cabine téléphonique. »

Je lui dis : « Quand ? », il me répond : « Je suis passé en procès il y a une heure, et je viens de sortir. » Je regarde le réveil, il est 14 h 30, et il m'explique très rapidement le contexte de sa libération.

Évidemment, tout cela peut paraître le fruit du hasard. Mais pour moi ce n'est pas fortuit, je le sais.

J'ai vécu la première « visite » quand j'avais à peine 12 ans, et là, sept ans plus tard, je reçois de Dieu une réponse précise à une question précise.

Mon père était désormais libre : cela me procurait une tranquillité d'esprit pour construire ma vie.

Il y a eu d'autres visions divines, toujours à des moments impensables, où l'espoir ne pouvait exister autrement que par un miracle.

J'ai eu beaucoup de hauts et de bas dans ma vie, car je fais partie de ceux qui considèrent que pour construire il faut prendre des risques, donc assumer l'échec. J'ai toujours pensé que la remontée de la pente après les échecs n'était pas seulement due à ma persévérance, mais à la protection dont j'étais bénéficiaire.

Vous pensez que Dieu est intervenu sur des épisodes dans votre vie comme l'éducation (l'examen de religion), la famille (la libération de votre père), mais jusqu'où cette protection peut-elle exister ?

J'ai la conviction que si, à l'instant où nous parlons, une bombe venait à détruire totalement tout le bâtiment dans lequel nous nous trouvons, vous disparaîtriez comme tous ceux qui s'y trouvent, mais que l'on me retrouverait, moi, quelque part sous les débris, intact. Protégé par Dieu.

Certains diraient : « C'est un miraculé » ; je considérerais pour ma part que j'ai été protégé.

Est-ce que vous priez ?

Je prie Dieu constamment, régulièrement, tous les jours, tous les soirs et parfois quand j'ai besoin de dialoguer et sans rien demander. Évidemment, je le remercie tous les jours pour tout ce qu'il m'a donné. Très souvent, je ne cherche pas de réponse, c'est un dialogue de réconfort, de remerciement.

Donc, vous avez un dialogue avec Dieu, vous lui parlez tous les jours, mais c'est ça votre prière ? Vous ne récitez pas les classiques prières que nous connaissons ?

Tout chiite doit faire des prières à des heures précises pendant la journée, mais il a le droit d'avoir un dialogue, en plus de ces prières.

Vous parlez des cinq prières quotidiennes musulmanes ?

Absolument, et qui existent pour d'autres religions sous d'autres formes.

En ce qui me concerne, le dialogue que j'ai avec Dieu est un besoin, en dehors des prières conventionnelles. C'est ma force : partager ma vision, mes préoccupations, mes problèmes insolubles, mes échecs…

Mais ces dialogues ne sont pas à la recherche d'une réponse ; la réponse viendra ou ne viendra pas.

Amir Jahanshahi, vous parlez à Dieu, ce qui n'est pas commun. Pouvez-vous revenir plus en détail sur vos origines familiales ?

Les origines de ma famille remontent au XIVe siècle de votre ère. Mes aïeux paternels ont dirigé un territoire équivalent à un peu plus d'un tiers de la superficie actuelle de l'Iran.

Ils ont régné, entre 1375 et 1469, sur ce qui est aujourd'hui l'Anatolie orientale, l'Arménie, l'Azerbaïdjan, l'Azerbaïdjan iranien, l'Irak, le Khouzistan et le nord du Koweit.

C'est une famille chiite profondément croyante. Nous sommes des descendants du Prophète. Un certain nombre de personnalités de ma famille étaient des religieux « Mojtahid », considérés comme des notables en Azerbaïdjan. Après la création d'Adliehe Azam (Cour suprême) par Nasserdin Shah au XIXe siècle, ces personnalités sont devenues les principaux membres de l'appareil judiciaire de l'État.

Plus récemment, mon grand-père, mes oncles et mon père ont été des grands serviteurs de l'État jusqu'à 1979.

Quant à mon arrière-grand-père maternel, Cheikh Khaz'al, il gouvernait la région pétrolière iranienne du Khouzistan, et signa en 1909 l'accord de partage de production avec l'Anglo-Persian Oil Company. Il a été assassiné sur l'ordre de Reza Shah. Il était arabe, chiite et très croyant.

Et votre mère ?

J'avais une trentaine d'années quand ma mère m'a appris qu'elle était chrétienne. Elle ne m'a pas expliqué pourquoi, ni pourquoi elle ne me l'avait pas dit avant, ni d'ailleurs pourquoi elle me le disait ce jour-là ; je n'ai pas eu de réaction et je ne me suis pas interrogé sur le sujet car c'était sa vie, c'était son choix.

Lorsque vous êtes dans votre chambre du 15e arrondissement, vous avez 19 ans, vous réfléchissez beaucoup, vous priez… Quelle est la vision que vous avez de vous-même à ce moment-là, quel projet de vie vous fixez-vous ?

Jusqu'à la libération de mon père, je n'étais pas en mesure d'avoir un quelconque projet, ni d'ailleurs aucune vision d'avenir, je vivais au jour le jour en me concentrant sur ma seule responsabilité de l'époque, à savoir mes études.

Mais dès l'instant où j'ai appris la libération de mon père et que j'ai raccroché, je me suis dit que naturellement ma vie, ma place, mon ambition se trouvaient en Iran. Je me devais de me rendre utile à ce pays que j'aimais tant, mais il fallait que je termine d'abord mes études.

Une fois mes études terminées, quatre ans après mon arrivée en France, le moment était venu pour moi de retourner dans mon pays. N'ayant à cette époque aucune relation à l'intérieur du pays, ni d'ailleurs de compréhension et de vision claire de ce qui se passait chez moi, j'ai décidé d'aller voir les deux patrons de l'opposition qui se trouvaient en France. Je voulais jouer un rôle dans l'évolution de mon pays, me rendre utile.

Je vois d'abord Bakhtiar, dernier Premier ministre de l'ancien régime. Il vivait dans une maison à Suresnes, entourée de CRS. Je lui explique ce que je veux, et il me répond : « Oui, c'est une très bonne idée ; je vais te mettre en relation avec celui qui s'occupe de notre mouvement à l'intérieur du pays » (je ne sais, d'ailleurs, s'il existait vraiment un mouvement structuré à l'intérieur du pays).

Ensuite, je vois le Dr Amini, un ancien Premier ministre de l'ancien régime, proche des Américains. Il avait un mouvement soutenu et payé par ces derniers – alors que Bakhtiar était soutenu et payé par les Saoudiens et les Irakiens, pendant que mon pays était attaqué par l'Irak de Saddam Hussein, téléguidé par l'Arabie Saoudite.

Le Dr Amini était un monsieur très âgé à l'époque, au moins 80 ans. Il vivait dans un immeuble moderne, très élégant, ayant une vue dégagée sur le Champ-de-Mars, l'une des plus belles vues de Paris.

Je lui parle avec toute ma force, toute la fougue de ma jeunesse et toute ma conviction. Il m'écoute comme un vieux sage écoutant un jeune désorienté. Quand je termine, il me dit : « Monsieur Jahanshahi, il faut que vous compreniez une chose, il n'y a rien à faire pour vous en Iran, même nous, nous n'avons plus rien à y faire, la révolution a eu lieu il y a à peine quatre ans, notre pays est en guerre et le peuple est concentré sur cette guerre. Nous, les politiques, devons continuer d'exister, nous devons garder les apparences, mais la réalité est qu'il n'y a rien à faire pour nous en Iran. »

Et il ajoute : « Aujourd'hui, vous venez me voir pour me demander comment vous pouvez être utile à votre pays ? Si vous voulez être utile à votre pays, vous devez d'abord construire votre vie, montrer que vous êtes capable – loin de votre pays, sans relations, sans réseaux –, dans le domaine que vous allez choisir, d'être parmi les meilleurs. Entourez-vous des meilleurs, faites-vous des relations au plus haut niveau, créez la confiance, tout cela sera votre valeur ajoutée pour votre pays. Ne vous mêlez pas de la politique, mais suivez de loin l'évolution diplomatique, économique et sociale de votre pays.

Viendra un jour où vous allez sentir par vous-même que votre heure est venue.

Ce jour-là, peut-être dans dix ans, peut-être dans trente ans... vous n'aurez besoin de personne et vous allez décider comment, avec qui et sous quelle forme, vous allez servir votre pays. Mais n'oubliez jamais que vous allez commettre des erreurs de jugement, sur les hommes, sur les situations, parfois très graves ; soyez vigilant, sachez reconnaître vos erreurs, et surtout adaptez-vous toujours aux réalités. »

En sortant, je prends le métro pour rentrer chez moi et, pendant les dix ou douze minutes du trajet, les paroles du Dr Amini passent en boucle dans ma tête.

Il avait raison.

De quel droit, loin d'un pays et d'un peuple en guerre, pouvais-je me permettre d'imaginer ce qui était bien ou mal pour eux ?

C'est ainsi que cet homme sage a changé, peut-être, mon destin.

N'ayant aucun don, ayant fait des études plutôt académiques, le champ de mon avenir professionnel était limité. Je commence donc ma vie professionnelle comme simple conseiller financier, ayant à l'esprit dès le premier jour, et constamment, que je dois apprendre, m'adapter pour évoluer et surtout, construire mes réseaux.

Je connais une famille aristocratique française qui était partie vivre aux États-Unis ; le père était attaché de l'air à l'ambassade de France à Washington et la mère était issue d'une riche famille gréco-américaine.

La France était entrée en guerre. Le père avait laissé sa famille pour aller se battre avec les Forces françaises libres du général de Gaulle en Angleterre, dans l'aviation. Il est mort dans un accident d'avion et donc l'orphelin a poursuivi sa vie aux États-Unis avec cette mère gréco-américaine, il a fait des bonnes études, à Yale, et il a très vite commencé à travailler comme journaliste, bien sûr pour des journaux américains. Évidemment il parlait aussi parfaitement français. Un jour de l'année 1956, est arrivée une petite lettre officielle à leur demeure à Washington pour lui ordonner d'aller faire la guerre en Algérie, puisqu'il était français par son père. La France n'avait aucun moyen de lui imposer d'aller faire cette guerre en Algérie, qui était réprouvée par les États-Unis d'Amérique. Il avait une situation, puisqu'il avait commencé sa carrière, mais il s'est dit : « Je ne peux pas faire ça à mon père, je ne peux pas refuser l'ordre de mobilisation. » Vous êtes patriote, mais vous n'êtes pas allé vous battre avec votre peuple, qui avait été agressé par l'Irak en 1980 ; considériez-vous que cette attaque irakienne était justifiée ? Ne considérez-vous pas que vous auriez dû aller vous battre pour défendre votre pays ?

Je vous remercie pour cette question, parce qu'elle me permet de répondre sur un sujet qui est le cœur de ce livre.

Je considère qu'il y a « les Iraniens », ceux qui vivent à l'intérieur du pays, ceux qui ont connu la guerre, qui ont donné des morts et des martyrs pour leur pays, ceux qui souffrent dans leur chair des sanctions diverses et variées imposées au pays depuis quarante ans et encore aujourd'hui. Et puis il y a ceux qui ont quitté le pays pour diverses raisons, dont la seule explication est leur confort personnel. Ils sont d'ailleurs aujourd'hui des Américains, des Anglais, des Allemands… ce sont « les Iraniens de l'extérieur ». Eux, ils ont fait le choix d'abandonner leur pays.

Me concernant, je suis toujours, quarante ans après mon arrivée en Europe, réfugié politique et je n'ai accepté aucune nationalité étrangère. Mais je suis quand même un Iranien de l'extérieur, et je le regrette profondément.

Tout mon combat est de mettre au service de mon pays ce que j'ai bâti pendant ces quarante ans. Durant toute cette période, le pays a subi l'humiliation du monde extérieur, hostile au choix du peuple iranien en 1979.

Savez-vous quelle est la différence entre l'homme et l'animal ? Savez-vous pourquoi vous marchez sur deux pattes et non pas sur quatre ?

Ce qui a fait la différence et qui nous permet aujourd'hui de marcher sur nos deux pieds, d'avoir tous nos acquis et nos progrès, alors que l'animal est resté dans son état initial, c'est notre capacité d'adaptation et d'évolution et c'est cette capacité d'adaptation qui m'a permis d'évoluer dans ma pensée.

J'aurais pu dire très facilement que je n'ai pas participé à cette guerre parce que l'on ne m'aurait pas accepté, parce que je n'avais pas ma place, parce que la République islamique ne m'aurait pas donné cette chance ou cette opportunité. Mais je n'ai pas participé à cette guerre tout simplement parce que je ne me suis pas posé la question, croyant qu'à ce moment de ma vie j'étais plus utile à bâtir les fondations de mon utilité future qu'à faire la guerre.

Ai-je eu raison ? Seul le temps pourra répondre.

Quoi qu'il en soit, l'être humain doit faire des erreurs, doit les comprendre, les analyser et à la fin les corriger.

Vous dites avoir rompu le cordon ombilical avec votre pays natal. Quand est ce que vous l'avez rétabli, ce cordon ?

Je n'ai pas dit que j'ai rompu le cordon. Si je l'avais rompu, je serais devenu un Anglais, un Français ou un Espagnol… Je considère que quelqu'un qui a pris un autre passeport n'a pas le droit de donner son avis, en tant qu'Iranien, sur son pays d'origine. Il a le droit de s'exprimer en tant qu'étranger, en tant qu'Anglais, Français… mais il n'a pas le droit de s'exprimer en tant qu'Iranien. Parce que, quand on prend une autre nationalité, quelles que soient les raisons, on n'a plus le droit de dire « je suis iranien et j'ai le droit de m'exprimer en tant qu'Iranien ».

Moi, je n'ai jamais coupé le cordon. En revanche, après la discussion que j'ai eue avec le Dr Amini, j'ai décidé de bâtir ma vie, je voulais me prouver à moi-même que j'étais capable de faire quelque chose, de construire mon personnage au sens noble du terme, et pendant cette période j'ai cessé de me mêler des affaires de mon pays. Je l'ai suivi de loin, je me tenais informé de ce qui se passait, mais je ne m'exprimais pas sur le sujet. Je n'ai jamais coupé le cordon.

Quand vous avez commencé à travailler, après votre licence d'économétrie, quelle était votre ambition ? On sait par exemple qu'à 24 ans, Emmanuel Macron voulait déjà devenir président de la République…

Si je disais que je n'étais pas ambitieux, personne ne me croirait, et ce serait insensé. L'ambition fait partie de la réussite. L'ambition personnelle permet de se bâtir soi-même pour pouvoir ensuite bâtir une ambition collective. C'est le cumul de ces ambitions, dans tous les domaines, qui fait l'évolution du monde.

J'avais et j'ai toujours une très grande ambition : servir mon pays. Je dis bien servir mon pays, parce que très souvent, les gens ont l'habitude de dire « servir son peuple ». Le peuple est une succession de générations, qui viennent et qui vont ; le pays est l'incarnation du peuple, c'est ce qui reste, c'est ce qui perdure, donc mon ambition était d'être prêt, si l'occasion se présentait, à être utile à mon pays, donc à mon peuple ; j'ai toujours eu cette ambition. J'ai même eu cette ambition quand j'avais 15 ans, sous d'autres formes, dans d'autres circonstances.

La seule inconnue, pour moi, à l'âge de 23 ou 24 ans, était de savoir quelle forme prendrait cette ambition. Étant à cette époque un réfugié politique vivant dans un pays à plus de cinq mille kilomètres du sien et sans relation avec lui.

Vous n'êtes pas allé vous battre dans les tranchées contre l'agresseur irakien lors de la guerre de 1980-1988 (à laquelle est consacrée un grand musée à Téhéran) ; vous avez, sur les conseils du Dr Amini, fait une carrière dans les affaires. Vous avez réussi. Après avoir construit les conditions de votre confort, vous avez décidé de mettre votre potentiel et votre confort à la disposition de l'Iran, c'est bien cela ?

Vous parlez du musée de la guerre Iran-Irak mais vous oubliez l'essentiel : cette agression injuste et sans raison de l'Irak, à la demande des Saoudiens, a été l'acte fondateur de la République islamique d'Iran.

Car face à Saddam Hussein, téléguidé par les dirigeants saoudiens et soutenu par la quasi-totalité de la planète – l'Europe, dont la France, les États-Unis, l'ensemble du monde arabe, l'ex-URSS bien sûr, et tant d'autres –, l'Iran était seul avec son armée affaiblie, pour ne pas dire quasi inexistante suite à la révolution de 1979 et des Gardiens de la révolution encore naissants. Mais l'Iran, malgré ce déséquilibre flagrant, a pu rétablir le pays dans ses frontières d'avant l'agression.

Depuis quarante ans, sous des formes différentes, le peuple iranien est humilié par l'hostilité du monde dont les instigateurs principaux sont les dirigeants saoudiens.

Quant à moi, je suis en effet à un moment de ma vie où je peux mettre sur la balance ma capacité à peser sur l'avenir de mon pays.

J'ai une réflexion structurée et mûrie de ce qu'est la République islamique d'Iran, ses acquis indiscutables sur le plan régional, son ennemi saoudien disposant du troisième budget militaire du monde et qui s'est fixé comme seul objectif de rayer l'Iran de la carte.

Donc oui, je veux tout d'abord que le mur d'incompréhension entre l'Iran et l'Occident soit brisé.

Je veux que l'Arabie Saoudite, dans sa forme actuelle qui représente une menace existentielle pour mon pays, cesse d'exister.

Je veux qu'enfin l'Iran devienne une très grande puissance économique à l'échelle de la planète.

Vous dites que vous êtes aujourd'hui prêt à vous consacrer entièrement à l'Iran, ce qui n'était pas le cas quand vous faisiez des opérations immobilières dans les meilleurs quartiers d'Europe, ou quand vous réalisiez des opérations de prise de participation dans des groupes cotés sur les bourses européennes. Donc vous avez désormais décidé de vous consacrer uniquement au service de votre pays. Comment allez-vous vous y prendre ? Si vous aviez décidé de participer à la guerre contre l'Irak, vous seriez revenu dans votre pays, vous auriez demandé à faire sans doute une formation d'officier et on vous aurait envoyé sur le front, comme chef de section de combat, comme l'avait fait l'intellectuel Charles Péguy, par exemple, qui est mort au tout début de la guerre en 1914. Aujourd'hui, comment allez-vous vous y prendre, concrètement, depuis vos résidences européennes, pour servir votre pays ?

Vous avez une vision très simpliste de la manière dont les grands projets prennent corps. Vous posez votre question comme si j'étais candidat à une élection majeure et décisive d'un grand pays occidental en fin de cycle, dont le seul sujet serait : comment conserver les acquis du passé face à la compétition des nouvelles puissances économiques et face à l'immigration qui l'envahit et donc je vous répondrais en récitant des lignes d'un programme bien huilé qui d'ailleurs ne se réalisera jamais, comme c'est souvent le cas dans les démocraties occidentales.

Or, en ce qui concerne l'Iran, vous me posez une question très complexe dont la réponse sera élaborée et détaillée tout au long de ce livre.

Mon pays est fait de contradictions apparentes, c'est un pays dont la jeunesse fait partie des plus éduquées du monde, et en même temps une grande partie de notre population est très croyante et très pratiquante. Mon pays a la capacité de mettre trois millions de personnes dans les rues en 2009, au moment de l'élection contestée d'Ahmadinejad, et en même temps de faire marche arrière après une centaine de morts et quelques milliers de prisonniers, non par peur, mais parce qu'il a jugé qu'aucune alternative viable et de confiance n'existait à l'intérieur du pays. Et c'est toujours le cas dix ans après.

L'Iran est sous sanctions sans discontinuité depuis quarante ans. Aucun pays au monde n'a subi de telles sanctions et aussi longtemps, sauf peut-être la Corée du Nord. Mais nous sommes debout, une très grande puissance régionale, et notre volonté d'éradiquer l'humiliation subie est encore plus vivace.

C'est dans ces circonstances que je veux être utile à mon pays, et dans le cadre de cette République.

Vous avez comparé l'Iran à la Corée du Nord. Est-ce que l'Iran est une dictature plus dure ou moins dure que la Corée du Nord ?

Je n'ai jamais comparé l'Iran à la Corée du Nord, j'ai dit qu'aucun pays au monde n'avait subi les sanctions et l'animosité que nous subissons, à part peut-être la Corée du Nord.

Je ne considère pas l'Iran comme une dictature. Mais c'est un sujet trop vaste pour qu'on en parle à ce stade, parce qu'on va parler ultérieurement et de manière détaillée de ce que c'est la démocratie, comment chaque pays et chaque peuple doit bâtir sa démocratie, sur ses sentiers à lui. On parlera, à cette occasion, de l'autorité nécessaire à un dirigeant politique pour mener les réformes indispensables et j'expliquerai alors que l'autorité n'est pas la dictature et tout ce qui va avec : misère, corruption, injustice… Mais je ne vous permets pas de comparer l'Iran, ni avec la Corée du Nord, ni avec aucun autre pays.

L'Iran a sa propre Constitution, comme votre pays a la sienne. Cette Constitution a été approuvée par un référendum il y a quarante ans et elle est toujours en vigueur. Les lois et les règles du pays sont régies par cette Constitution, comme c'est le cas dans votre pays.

Lorsqu'on va en Iran et qu'on parle avec la jeunesse iranienne qui est allée à l'université, cette jeunesse vous explique qu'elle est l'otage des religieux, qui ont confisqué les pouvoirs judiciaire, militaire et économique, que les mosquées sont vides parce que les religieux ont perdu la révérence de la population, car ils se sont considérablement – tout comme les Gardiens de la révolution – enrichis dans les affaires…

Monsieur Renaud Girard, je vais vous répondre, mais préalablement je vous dis que je n'aime pas qu'un étranger juge mon pays, ou les dirigeants de mon pays.

Les affaires de mon pays ne regardent que nous et je vous rappelle que vous, les Occidentaux, chaque fois que vous vous êtes mêlés des affaires des autres, vous vous êtes trompés. Vous avez provoqué des catastrophes et à la fin, vous avez échoué.

Votre colonisation, certes, vous a permis de devenir de grandes puissances, mais comme vous avez perdu vos colonies, vous allez devenir d'ici quinze ou vingt ans des petites puissances.

Quand les Américains débarquent en Irak au nom de leurs valeurs et leur démocratie, ils échouent tellement qu'après un trillion de dollars dépensés, ils offrent la responsabilité de l'avenir et le destin de ce pays sur un plateau d'argent à la République islamique d'Iran.

J'ai beaucoup de respect pour vous, Monsieur Renaud Girard, vous êtes un grand géopoliticien et je sais que vous connaissez cette région où se trouve mon pays, mais vous n'êtes qu'un étranger pour nous et vos remarques n'ont de valeur que pour vous. Le peuple iranien ne vous a jamais demandé d'aide, ni à vous ni à aucun pays étranger ; évidemment vous avez le droit de me poser cette question, je sais que vous êtes sincère, mais permettez-moi de vous expliquer pourquoi vous vous trompez.

Vous êtes allé à plusieurs reprises en Iran, ai-je bien compris ?

Oui, bien sûr, une demi-douzaine de fois.

Au cours de ces différents voyages vous avez rencontré des Iraniens, ai-je bien compris ?

Oui.

Puis-je savoir, au cours de ces voyages, le nombre total d'Iraniens avec qui vous avez discuté, approximativement ?

Il s'agit de plusieurs centaines d'Iraniens, si vous prenez tous mes voyages.

Parfait, alors je continue : voilà un monsieur très intelligent, que je considère comme un grand géopoliticien, que je considère comme l'un de ceux qui connaissent le mieux cette région et qui au cours d'un certain nombre de voyages dans un pays de 80 millions d'habitants et plusieurs fois millénaire me dit, les yeux dans les yeux, avec cette arrogance occidentale, qu'il a rencontré une centaine de personnes (sur 80 millions) et il dit savoir ce que le peuple iranien pense...

Tous les peuples sont des peuples souverains. Ils ont deux manières d'exprimer leur souveraineté : par les urnes ou par la force de la rue. Mais n'oublions jamais que tout mouvement de révolte comme toute révolution contre l'ordre établi sont interdits dans toutes les Constitutions du monde.

Ai-je raison, Monsieur Renaud Girard ?

Oui, sans doute.

Tout mouvement révolutionnaire ou de révolte est par nature interdit par toutes les Constitutions, sauf s'il réussit à renverser le pouvoir. C'était le cas avec le mouvement de Mai 68 et plus récemment avec les gilets jaunes, en France. Mais la République Française n'a pas autorisé ces mouvements à décapiter la république.

Ai-je raison ?

Oui.

D'accord.

Mais je pense que s'il y avait des élections vraiment libres en Iran, les choses iraient différemment. S'il y avait un référendum sur le système nouveau apporté par la révolution de Khomeiny, qui fait que la religion n'est pas séparée de la politique, et que le pays est dirigé suprêmement par le clergé religieux, je pense que plus de la moitié de la population iranienne rejetterait aujourd'hui ce système créé après la révolution de 1979. Est-ce que vous partagez mon sentiment ?

La démocratie est un sujet trop important et mérite un développement détaillé de ma pensée et de son évolution et non un traitement, à travers votre hypothèse personnelle et sans fondement, sur un hypothétique référendum dans un pays de 80 millions d'habitants.

J'y reviendrai longuement pour expliquer ce que sont les priorités d'un peuple, en l'occurrence le mien, et comment il faut mener le développement économique d'un pays et son cheminement démocratique. Je dirai simplement, à ce stade, que la démocratie occidentale se trouve dans une période de maladie chronique.

Permettez-moi de vous dire par ailleurs, Monsieur Girard, que votre question est blessante. Toujours cette arrogance occidentale, cette certitude de connaître les autres peuples, leurs souffrances, leurs besoins, leurs rêves.

D'où, vous les Occidentaux, vous arrogez-vous le droit de savoir ce qui est bien ou mal pour les autres peuples ?

Comment vous, un grand géopoliticien, peut-il se permettre, par un simple lancer de phrase, de se substituer à la volonté d'un peuple ?

Je fais même abstraction de votre affirmation « plus de la moitié de la population iranienne voterait pour le rejet de ce système », que vous lancez avec une telle légèreté.

Votre question est condescendante, car pour vous, tous les peuples seraient à la recherche de votre modèle ; du chinois au russe, du philippin au brésilien. Mais vous oubliez que dans votre démocratie, quand vous donnez la parole au peuple, vous êtes paralysés de peur : du Brexit à Salvini, d'Orban au risque de Mme Le Pen.

Et plus concrètement, moi un étranger, je ne me permettrais pas de prédire, si demain il y avait un référendum en France sur sa sortie de l'Europe, que plus de la moitié de la population voterait pour le rejet de ce système bureaucratique.

Évidemment que je ne me le permettrais pas, car ce n'est pas mon affaire.

Et, de toute manière, à quoi bon répondre à une question qui ne se pose pas ?

Enfin, pour rester en Occident, il y a des pays démocratiques où la religion est un socle important de l'État ; je ne prends qu'un exemple : l'Angleterre.

L'Angleterre est bien une démocratie, Monsieur Girard ?

Certes.

Là-bas, le chef de l'Église est bien le chef de l'État, la reine ?

Certes.

Alors, il faut accepter chaque pays, chaque peuple avec son histoire, ses coutumes, sa religion. Il faut que vous, Occidentaux, pour le bien de l'humanité, commenciez à accepter les différences et ne cherchiez pas à universaliser votre modèle.

On a beaucoup à apprendre de l'Occident, de votre histoire, de votre science, de votre technologie, mais laissez-nous faire cet apprentissage à notre manière et à notre rythme. Et vous allez voir que nous allons, ensemble, bâtir un monde meilleur.

Pour répondre plus précisément sur la séparation de la religion et la politique à travers un référendum, je vous rappelle que l'Iran et la Turquie, à peu près en même temps, au début du siècle passé, ont fait le choix de la séparation de la religion et de l'État à travers un système dit laïque.

Mais les peuples de ces deux pays, quelques décennies plus tard, ont décidé de revenir sur leur choix précédent. En Iran, à travers la révolution de 1979 suivie d'un référendum et en Turquie, à travers l'élection au suffrage universel du président Erdogan.

Je ne juge pas la décision de mon peuple ni celle du peuple turc. Je constate et je prends acte.

Je précise, par ailleurs, qu'aucun pays n'a la force de changer de système tous les trente ou quarante ans. Un référendum sur un sujet de cette importance est une déchirure qui divise la société et provoque même parfois des séquelles irréparables.

Donc, je suis contre.

Vous les Occidentaux, vous devriez apprendre l'humilité, et aussi à faire confiance à l'évolution naturelle des peuples de chaque région, car chaque fois que vous intervenez pour interpréter la volonté d'un peuple, à travers vos interférences, la situation que vous créez est, de très loin, pire que la situation que vous avez cherché à améliorer, non seulement pour ces peuples, mais aussi pour vous-mêmes. L'Irak, la Libye et la Syrie devraient vous rendre, vous, Occidentaux, un peu plus modestes.

Donc, ne me dites pas que vous savez ce que cherche le peuple de mon pays. Bien sûr que tout n'est pas parfait, et je pense qu'il y a un sérieux mécontentement dans la population.

Un peuple a besoin d'un grand dessein, d'une perspective ; le mien, je le sais, accepterait tous les sacrifices si on lui expliquait ce qui l'attend au bout du chemin.

Alors, pour que l'on soit bien clairs, vous n'êtes donc pas d'accord avec l'ayatollah chiite, qui est à mon avis le plus grand ayatollah encore vivant du chiisme, qui s'appelle Ali Sistani ; il critique le Velayat-e Faqih, c'est-à-dire le gouvernement du clerc en religion ; il considère que le religieux doit être séparé du politique ; mais vous, vous considérez que l'ayatollah Sistani a tort ?

Je n'ai jamais dit ça. Je n'ai pas dit ce qui est bon ou mauvais, j'ai dit ce qui est la réalité de mon pays aujourd'hui.

En ce qui concerne l'ayatollah Sistani, je vais vous dire ce qu'il a dit exactement aux Américains, quand ces derniers voulaient influencer l'écriture de la Constitution irakienne et qu'ils lui ont demandé son aide pour imposer leur vision dans cette nouvelle Constitution. C'est du domaine public, je peux donc le dire, même si c'est connu de peu de gens. Ils ont contacté l'ayatollah Sistani à plusieurs reprises en lui disant que pour le bien du peuple irakien, il fallait réécrire la Constitution et que son aide était indispensable. L'ayatollah Sistani a longtemps laissé leurs demandes sans réponse. Et finalement, suite à des demandes incessantes, il a répondu – j'essaye d'être le plus proche de sa formulation : « Messieurs, je ne suis qu'un Iranien qui vit en Irak et je ne me mêlerai pas des affaires irakiennes, vous n'êtes que des Américains de passage en Irak, vous ne devez pas, vous non plus, vous mêler des affaires des Irakiens. »

C'est ainsi, par la sagesse de sa réponse, que la Constitution irakienne a été rédigée de telle manière que l'Iran puisse protéger le peuple chiite et, au-delà, l'avenir de l'Irak.

Êtes-vous d'accord, Monsieur Renaud Girard ?

Oui, je vois ce que vous voulez dire.

Par ailleurs, l'ayatollah Sistani sait la popularité qu'il a auprès des autorités religieuses iraniennes, et ses idées sont connues.

Si l'ayatollah Sistani jugeait que ce que vous interprétez comme sa pensée était la meilleure chose pour l'Iran, il aurait pu lancer une fatwa et demander cela aux autorités religieuses ainsi qu'au peuple iranien. S'il ne l'a pas fait, soit vous avez mal interprété sa pensée, soit il juge que la situation actuelle en Iran est la seule viable et que tout changement ne peut venir que par une évolution.

En ce qui me concerne, tout au long de ce livre, à travers mes réponses à vos questions, j'expliquerai que grâce aux acquis de la République islamique dans la région, notre histoire, notre religion, et notre jeunesse, nous allons bâtir « le Grand Iran », dans le cadre de cette République.

Donc d'après la réponse de l'ayatollah Sistani, l'Iran ne devrait pas s'occuper des affaires de l'Irak, ou des affaires du Liban ; ne vous trouvez-vous pas en pleine contradiction dans votre propre discours ?

En répondant à votre précédente question et en rapportant les propos de l'ayatollah Sistani sur la Constitution de l'Irak, je crois vous avoir répondu sur votre interprétation de sa pensée, mais il serait utile d'apporter plus de précisions.

L'Iran est un pays constitué essentiellement d'un peuple chiite, le reste sont des sunnites et quelques chrétiens, et un nombre très faible de juifs, qui sont d'ailleurs respectés dans mon pays ; par conséquent l'Iran est un pays chiite. Nous, les chiites, sommes une minorité dans le monde musulman, nous représentons à peine 20 % de la totalité de cette population musulmane. Il y a depuis toujours une animosité des sunnites envers les chiites. L'Iran est entouré de sunnites. À l'est, il y en a environ 200 millions, possédant une bombe atomique : c'est le Pakistan. À l'ouest, il y a la Turquie et le monde arabe, mais surtout l'Arabie Saoudite, qui est un non-pays disposant de moyens financiers considérables et qui s'est fixé comme unique objectif de rayer l'Iran de la carte.

Donc l'Iran a le droit, la responsabilité et par conséquent le devoir, non seulement de défendre la population iranienne, mais l'ensemble des populations chiites du monde, et en particulier celles de la région.

L'expérience de la guerre injuste lancée par Saddam Hussein et, je le répète, téléguidée et soutenue par la famille dirigeante saoudienne, nous oblige à ne laisser en aucun cas s'installer à nos frontières directes des régimes sunnites et hostiles qui représenteraient un danger existentiel non seulement pour le peuple iranien, mais aussi pour le peuple chiite de ces pays tombés entre leurs mains.

L'Iran n'acceptera jamais cela, ni en Irak, ni en Syrie, ni au Liban. Chaque fois qu'un pays ou une population chiite sera en danger, l'Iran lui viendra en aide.

Si d'aventure un jour, les trois millions de chiites de l'Arabie Saoudite – persécutés par le régime et vivant dans la misère absolue alors qu'ils sont assis sur 80 % du pétrole saoudien – demandaient de l'aide à l'Iran, l'Iran répondrait présent.

L'Iran n'a jamais eu et n'aura jamais de projet d'annexion d'aucun pays ni d'aucun territoire, ni en Irak, ni en Syrie, ni au Liban, ni ailleurs, mais il a pour ambition de défendre et rétablir les conditions de stabilité, et donc de prospérité, dans les territoires à majorité chiite.

La révolution iranienne de 1979, qui a chassé votre famille, a eu pour ambition d'unifier tous les musulmans sous l'étendard brandi par l'ayatollah Khomeiny. Cela a échoué. Comment expliquez-vous cet échec ?

D'abord, la révolution de 1979 n'a pas chassé ma famille, elle a chassé la famille régnante, la monarchie ; ma famille a subi l'événement pour des raisons et dans des conditions qui ont été expliquées précédemment. En revanche, il est vrai que le fondateur de la République islamique d'Iran avait imaginé et théorisé l'unification de tous les musulmans et il avait la croyance et la volonté d'y arriver.

Il y avait deux raisons à cela.

Tout d'abord, une raison politique et historique. Toute grande révolution doit chercher à universaliser sa cause et son modèle si elle veut durer et rayonner. C'est l'essence même d'un grand mouvement révolutionnaire qui a l'ambition de changer l'ordre établi ; cela a été le cas pour la révolution française et la révolution russe. Mais il y avait une deuxième raison, beaucoup plus fondamentale, religieuse et idéologique, liée à la structure du monde musulman : d'un côté une population chiite, très minoritaire mais avec une très solide structure pyramidale et un chef ; et de l'autre, une population sunnite complètement déstructurée, sans organisation centralisée et gangrenée par des divisions internes, dont chaque mouvement – plus ou moins intégriste et plus ou moins inféodé à un pays sunnite – cherchait à s'imposer pour la domination du monde sunnite.

C'est dans ce contexte que l'ayatollah Khomeiny avait théorisé l'exportation de la révolution islamique pour unifier l'ensemble des musulmans ; tout d'abord pour protéger, bien sûr, les chiites minoritaires contre la domination des sunnites intégristes, mais aussi les sunnites eux-mêmes, pris en étau entre différentes fractions d'intégristes sunnites.

Donc, le fondateur de la République islamique d'Iran avait bien ce grand projet, d'une direction unifiée du monde musulman sous la direction du guide de la révolution islamique d'Iran.

Oui, l'ayatollah Khomeiny avait pour ambition d'exporter la révolution iranienne dans le reste du monde musulman. D'abord dans les pays chiites, ensuite dans les pays sunnites à forte minorité chiite et enfin dans le reste du monde sunnite, tout cela dans l'intérêt supérieur des musulmans eux-mêmes.

Et cette volonté existait jusqu'à il y a une dizaine d'années encore, mais a été brisée définitivement à l'occasion du fameux voyage de Morsi en Iran le 30 août 2012. J'expliquerai cet épisode en détail ultérieurement.

Avec le recul, j'estime que cette croyance, qui s'est avérée irréaliste et irréalisable, était la meilleure protection pour les musulmans eux-mêmes, mais aussi pour le monde occidental, qui subit aujourd'hui l'animosité sauvage, terroriste, croissante et irrésistible des sunnites intégristes.

C'est dans ce contexte et avec cette ambition que la République islamique a soutenu et financé un certain nombre de mouvements sunnites extrémistes et même souvent terroristes, à travers le monde, jusqu'à il y a une dizaine d'années : dans l'espoir de les apprivoiser pour mieux les inscrire dans ce grand dessein qui était celui de son fondateur, à savoir l'unification du monde musulman.

Nous sommes, nous Iraniens, un grand peuple chiite avec une grande histoire, avec des conquêtes et des échecs, mais jamais soumis aux envahisseurs et on leur a fait plier bagage à chaque fois : Alexandre, les Ottomans, les Mongols, les Russes, les Anglais… Tous. On a même adopté le chiisme et en quelque sorte l'avons fait renaître pour ne pas nous faire absorber par les Ottomans sunnites.

Mais de là à vouloir conquérir et unifier les sunnites, il y avait un pas à ne pas franchir, même s'il fallait l'expérience du temps pour comprendre que diriger les sunnites est une mission impossible pour quiconque, et a fortiori pour des chiites.

Rétrospectivement, je comprends le grand projet de l'ayatollah Khomeiny, je comprends ses raisons, je comprends qu'il était dans l'obligation de le mettre en œuvre, je comprends même qu'il fallait longtemps pour s'apercevoir que ce projet ne nous mènerait nulle part.

Je vais vous dire quand et comment mon pays a compris que cette utopie d'unification était un rêve inaccessible et que nous devrions plutôt nous concentrer sur la protection de notre peuple et les peuples chiites contre la menace islamiste et intégriste sunnite.

C'était le 30 août 2012, Morsi venait d'être élu depuis peu le premier président islamiste (membre de la confrérie des Frères musulmans) de l'Égypte ; et il se rendit en Iran pour remercier mon pays de l'aide que cette confrérie avait reçue durant toutes ces années et plus particulièrement pendant ces élections victorieuses.

Ce voyage était d'une importance majeure pour les dirigeants de mon pays, car pour la première fois, l'un de nos obligés – du moins l'un de ceux que nous avions financés et aidés – venait de prendre le pouvoir, et quel pouvoir ! La présidence du plus grand pays sunnite de la région.

C'est au cours d'une réunion en tête à tête avec Ahmadinejad, le président iranien de l'époque, que ce dernier le félicite pour cette victoire qui serait la première marche vers une grande et décisive coopération régionale, pour l'unification du destin des chiites et sunnites contre les exploitants corrompus et infidèles de toute sorte.

La réponse de Morsi est sans appel, sans gêne : « Nous sommes reconnaissants de votre aide durant toutes ces années, nous allons collaborer ensemble chaque fois que cela sera possible, mais vous êtes chiites, et nous sommes sunnites. Nous devons chacun nous occuper de notre communauté et de notre peuple, sans interférences entre nous. »

Le compte rendu de cette réunion a été rapporté au plus haut niveau de mon pays.

Hasard de calendrier, l'Amérique venait de quitter l'Irak le 31 décembre 2011, après avoir dépensé près d'un trillion de dollars en pure perte, quittant l'Irak une main devant une main derrière et offrant sur un plateau d'argent le destin de l'Irak et de son peuple, majoritairement chiite, à la République islamique d'Iran.

Et c'est dans ce contexte que la plus haute autorité de mon pays arriva à la conclusion que tout mouvement sunnite soutenu par nous, une fois au pouvoir, non seulement ne serait pas notre allié, mais deviendrait même certainement notre ennemi. Cette conclusion rendit définitivement notre politique d'unification caduque.

C'est ainsi que mon pays a décidé immédiatement de se concentrer, de toutes ses forces, sur la protection de ses frontières pour empêcher l'installation de tout pouvoir sunnite et hostile, tout en cherchant à protéger les peuples chiites voisins.

Peut-on dire pour autant que l'Iran a échoué dans son ambition d'unifier le monde musulman ?

Je ne pense pas qu'il faille parler d'échec, mais d'une expérience qui a été nécessaire, je dirais même indispensable pour que, une fois pour toutes, on accepte que cette unification ne sera plus à l'ordre du jour de la République islamique d'Iran.

L'expérience de ces quarante dernières années nous a enseigné que la République islamique d'Iran ne deviendra pas une grande puissance en cherchant à unifier tous les musulmans, mais en unifiant les chiites de la région, en les protégeant – eux, leurs biens et leurs territoires – des envahisseurs extérieurs, en les aidant à combattre les forces dominantes ennemies sur leur propre sol, en les libérant et en les structurant pour bâtir les infrastructures solides de la croissance et du progrès.

Cela a été la politique étrangère de l'Iran, protégeant l'Irak et la Syrie des envahisseurs extérieurs et des forces ennemies sur leur sol. Il faut maintenant que l'on s'achemine vers le rétablissement de l'ordre pour bâtir les conditions d'une reconstruction économique pérenne.

Et si un jour, les minorités chiites saoudiennes nous demandaient de l'aide pour en finir avec l'exploitation injuste, intolérable et inhumaine de la famille dirigeante saoudienne, nous ferions de même.

Donc, pour résumer, c'est la capacité d'adaptation aux événements, aux réalités, et parfois même l'acceptation des erreurs de jugement, qui font la grandeur des hommes, des peuples et des nations qui réussissent. La politique de mon pays sur ce sujet nous a certes coûté cher sur plusieurs décennies, mais que représentent quelques décennies à l'échelle d'un pays plusieurs fois millénaire et qui sera encore là dans mille ans, si le monde continue d'exister ?

Les Frères musulmans, qui ont été fondés en Égypte en 1928, n'ont jamais accordé beaucoup d'importance à la notion de nation. J'ai l'impression que c'est tout à fait différent pour le peuple iranien qui, lui, accorde beaucoup plus d'importance au concept de nation. Qu'en pensez-vous ?

Vous avez absolument raison, il y a une différence majeure entre les chiites et les sunnites et plus particulièrement entre la pensée des Frères musulmans et celle du fondateur de la République islamique d'Iran.

Un détour par l'Histoire permet de mieux comprendre ma réponse.

C'est au XVIe siècle de votre ère, très exactement en 1501, qu'Ismaïl, chef des Safavides, s'est proclamé roi de Perse, et a proscrit le sunnisme sous peine de décapitation. C'est ainsi que mon pays, pour se débarrasser des Ottomans, a adopté la religion chiite comme religion d'État, balayant ainsi de notre territoire le sunnisme et ses dirigeants conquérants.

Cette conversion imposée par le chef d'État perse a nécessité toute l'autorité de cet homme visionnaire qui s'est intelligemment appuyé sur une poignée de Libanais émigrés en Iran par ses soins – dont la pensée religieuse rayonnait dans le monde musulman mais marginalisée dans l'Empire ottoman – pour légitimer cette conversion à marche forcée, qui a d'ailleurs pris du temps.

C'est ainsi que la Perse est devenue chiite.

Cette transformation majeure a doté l'Iran des Safavides de deux piliers solides, la Perse et le chiisme, l'un et l'autre devenus interdépendants. La nation perse est imbibée par le chiisme et le chiisme est porté par la nation perse.

L'ayatollah Khomeiny n'a jamais remis en cause la nation, un des deux piliers du peuple iranien. Au contraire, il s'est appuyé sur la nation perse dans sa marche pour la création de la République islamique d'Iran.

Alors que les Frères musulmans déniaient l'importance de la nation dans leur processus de prise de pouvoir, en créant des structures cellulaires, de la plus petite à la plus grande, un peu partout dans le monde, y compris dans les pays non musulmans, dans l'espoir que ces cellules grandissantes imposent leur sunnisme tôt ou tard à l'ensemble de la planète.

Le projet de l'ayatollah Khomeiny était à l'opposé ; il considérait la stratégie de prise de pouvoir des Frères musulmans erronée. Pour lui, la conquête du pouvoir passait par la conquête d'un grand pays, en l'occurrence l'Iran, une grande nation chiite, pour ensuite l'exporter avec et par la nation iranienne dans le reste du monde.

Pour nous, Iraniens, il n'y a pas de primauté de la religion sur la nation, ni l'inverse. Ce sont les deux leviers de la puissance. Et c'est une différence qui existe avec les Frères musulmans et tous les mouvements sunnites.

Après sa révolution, l'Iran a adopté un concept politique très particulier, le « Velayat-e Faqih ». C'est-à-dire le gouvernement du clerc, du savant en religion. Est-ce que le fait qu'un pays moderne (il se voulait en plein essor du temps du Shah) soit dirigé constitutionnellement par des religieux, n'a pas constitué, et ne constituera pas dans le futur, un frein profond à son développement ?

J'ai une sainte horreur de ces intellectuels occidentaux qui distribuent des brevets de modernité à tel ou tel dirigeant, sous réserve que leur modèle « en plein essor » ne soit pas en contradiction avec le modèle occidental.

Vous qui connaissez si bien le peuple iranien, son intelligence, sa finesse, sa force de caractère et son immense culture, comment vous expliquez-vous que ce peuple ait pu abandonner « la modernité en plein essor » du temps de l'ancien dirigeant ? Ne serait-ce pas parce que cette modernité n'existait que pour quelques privilégiés, dont la base la plus large ne dépassait qu'a peine deux cent à trois cent mille foyers, soit moins de 3 à 4 % de la population iranienne de l'époque ?

Donc, il y avait une « modernité en plein essor » non partagée avec le peuple et non fondée sur les socles de notre nation et notre religion. C'est pour cela que l'ancien dirigeant et son régime ont été balayés par un tsunami populaire qui a installé la république islamique et dont le Velayat-e Faqih – si choquant pour les occidentaux – a été approuvé par une majorité écrasante de la population iranienne lors d'un référendum il y a quarante ans.

En effet, la Constitution iranienne place un homme élu par ses pairs à la tête de l'État, des forces armées, ainsi que de l'institution chiite.

Je reviens toujours sur mon exemple anglais. L'Angleterre est bien une démocratie, dont la reine est à la fois le chef de l'État, chef des armées, et chef de l'Église anglicane, comme en Iran…

Mon but n'est pas de comparer l'Angleterre avec mon pays, mais de dire que chaque pays a ses spécificités.

Maintenant je vais vous expliquer la différence entre ces deux personnages éminents :

La première est le caractère héréditaire de la transmission du pouvoir en Angleterre, alors que dans mon pays, le choix se fait par un collège de pairs.

La deuxième est l'interprétation plus ou moins partielle que veut donner l'intelligentsia occidentale à l'utilité et au prestige de l'une et le frein que représente pour son peuple l'autre.

Quant à cet obstacle présumé du Velayat-e Faqih au développement de l'Iran, je vous dis avec calme que votre vision du progrès et les outils nécessaires à ce progrès sont complètement erronés.

De deux choses l'une, ou vous êtes aveuglé par le monde dans lequel vous vivez, pour ne pas voir la réalité de ce qui a été le frein au progrès dans mon pays, ou pire, vous êtes complice intellectuellement de l'humiliation du peuple iranien.

Il faut regarder l'histoire des quarante dernières années de mon pays non pas de manière statique, mais de manière dynamique. Une révolution est complexe, douloureuse, et toutes les révolutions passent par des phases d'erreur.

Mais pour vous répondre plus précisément, si aujourd'hui l'économie de l'Iran rencontre un certain nombre de problèmes majeurs, ils ne résultent pas du fait que le pays est dirigé par la plus haute autorité religieuse, mais de la manière dont la République islamique d'Iran a été traitée, dès son installation, par la quasi-totalité de la planète.

Vous estimez que l'Iran a été traité avec iniquité par le reste du monde depuis la révolution ?

L'iniquité n'est pas le terme approprié pour parler du comportement inacceptable du monde avec l'Iran.

Nous avons été humiliés par le monde extérieur depuis quarante ans, dès le premier jour de l'installation de la République islamique d'Iran. Cette dernière avait le monde entier contre elle. La totalité de l'Occident, la totalité du monde communiste et la totalité du monde sunnite, dont l'Arabie Saoudite.

Jamais dans l'histoire de l'humanité il n'y a eu une telle coalition de volonté par des groupes aussi opposés pour anéantir le choix d'un peuple.

Voilà qu'un pays – de 36 millions d'habitants à l'époque – fait une révolution et il a en face de lui la quasi-totalité de la planète. À partir de ce moment-là, le monde a obligé la République islamique d'Iran à aller peut-être plus rapidement et avec plus d'agressivité vers la vision que son fondateur avait sur l'exportation de la révolution iranienne en dehors de ses frontières.

Le monde n'avait pas le droit de dire que le choix d'un peuple est erroné, que la révolution iranienne était contre les intérêts du peuple iranien, n'avait pas le droit, quelques mois après la révolution, de lancer des anciens généraux ou Premiers ministres – qui avaient pris la fuite pour créer des mouvements d'opposition armés – contre l'ordre établi par la nouvelle République islamique d'Iran.

Le monde n'avait pas le droit de balayer la volonté du peuple pour chercher à imposer sa volonté.

C'est la pire humiliation qu'une nation puisse subir. Alors que la coalition hétéroclite de l'occident, du bloc communiste et des sunnites avait reconnu la République islamique d'Iran, ils cherchaient subrepticement à l'anéantir.

Anéantir le choix d'un peuple, c'est anéantir l'existence même de ce peuple. C'est l'humiliation qu'a subie la grande nation iranienne.

Cela fait quarante ans que l'Iran subit de manière continue l'acharnement du monde extérieur.

Cet acharnement a provoqué l'humiliation totale du peuple iranien : quand il voyage et montre son passeport, quand en vain il veut faire un transfert bancaire, quand il veut acheter des produits alimentaires ou pharmaceutiques, inaccessibles à cause des sanctions ou de leurs effets secondaires, mais indispensables pour les nourrissons ou les malades en phase terminale, quand les sanctions nous empêchent d'avoir accès légalement aux technologies indispensables au progrès du pays.

C'est l'humiliation de la nation iranienne.

Le responsable de cette humiliation est l'Arabie Saoudite, nous y reviendrons.

Qu'est-ce qui est plus fort selon vous au Moyen-Orient, les nations ou les religions ?

Pour être une nation, il faut une histoire et un socle d'intérêts en commun. La France et l'Angleterre, après la Première Guerre mondiale, se sont autoproclamées les géomètres en chef de la carte du Proche et Moyen-Orient pour remodeler la région à leur guise, créant ainsi une poudrière de tensions et de haines, car artificielles et sans logique.

Cette carte dessinée par l'Occident est à l'origine de tous les problèmes de la région.

Certes, la Turquie et l'Égypte sont des grandes nations ; quant aux petits pays du Golfe, ils ne représentent ni un danger ni un enjeu, même s'ils ne sont pas des nations.

Mais l'Arabie Saoudite est un non-pays qui n'est et ne sera jamais une nation, dont les dirigeants – assis sur une capacité de production de plus de 12 millions de barils de pétrole par jour, héritée de la volonté occidentale – représentent une menace pour l'existence de la nation iranienne par leur force de frappe financière, mais aussi certainement une source de futurs conflits pour les autres pays de la région, principalement la Turquie.

L'Arabie Saoudite, née en 1932, est devenue un acteur régional à partir du pacte qu'elle a conclu avec le président des États-Unis d'Amérique, Franklin Roosevelt, sur le croiseur Quincy *en février 1945. Comment jugez-vous depuis cette date le rôle de l'Arabie Saoudite au Moyen-Orient ? Uniquement néfaste ?*

Je le répète, l'Arabie Saoudite est un non-pays. Elle n'existait pas en 1930, elle n'existera plus sous sa forme actuelle en 2030. Elle n'est bâtie sur aucun des critères qui déterminent une nation ou même un pays. C'est probablement l'unique pays au monde qui n'a aucune structure démocratique ou étatique qui sépare les dirigeants du pays de ses structures de décision : les caisses du pays se confondent avec celles de son dirigeant.

L'Arabie Saoudite est une erreur.

Elle dispose du troisième budget militaire du monde, même si elle n'a pas la capacité de l'utiliser. Par ailleurs, elle est à l'origine de tous les mouvements sunnites terroristes de la planète. Jusqu'à il y a peu, l'Arabie Saoudite était dirigée par des hommes âgés, usés, représentant peu de risques pour les autres ; aujourd'hui elle est dirigée par un jeune désaxé qui s'est fixé comme objectif de rayer l'Iran de la carte et tout pays qui ne serait dans son axe, comme le Qatar.

La question n'est pas de savoir si le jeune désaxé et son armée ont le savoir-faire d'utiliser tout l'armement accumulé, mais quand sa folie va provoquer la destruction de la région, menaçant ainsi la paix dans le monde.

Donc l'Arabie Saoudite n'a jamais joué un rôle constructif dans la région, elle n'a même pas été capable de jouer un rôle pour aider le peuple palestinien, ni capable de partager une partie de sa colossale richesse pour aider le peuple égyptien – en dehors d'une misérable aumône qu'elle leur distribue chaque année – à sortir de la misère qui représente une bombe à retardement dans la région, pas plus que d'entretenir de relation durable et amicale avec l'ensemble des petits états sunnites de la région, comme le Qatar.

Donc pour répondre à votre question, l'Arabie Saoudite n'a jamais été autre chose qu'un territoire entre les mains d'un clan, cherchant à provoquer et à semer le désordre dans la région pour prendre le leadership du monde sunnite.

Quelles sont les conditions qui feraient que votre pays puisse se réconcilier avec l'Arabie Saoudite et poursuivre ensemble, dans une coopération autour du golfe Persique, leur développement conjoint ?

Savez-vous quel est le point commun entre Saddam Hussein et l'ancien dirigeant iranien, le Shah ?

Non.

Les deux ont fait la même erreur, et les deux ont payé le prix fort, sans vouloir porter un jugement sur ces deux dictateurs.

En effet, le premier, quand il a envahi le Koweit, en compensation financière de ses efforts de guerre téléguidés par l'Arabie Saoudite contre l'Iran, s'est arrêté au Koweit, alors que vingt-quatre heures de plus auraient suffi pour prendre toute l'Arabie Saoudite, anéantir la famille régnante et dire aux Américains : « Je suis votre homme, je gérerai ce pays dans l'intérêt du monde arabe et de l'Occident, mais si vous cherchez à intervenir, je ferai exploser l'ensemble des installations pétrolières du pays de telle manière que le monde entrera dans une récession sans précédent. »

Les États-Unis d'Amérique n'auraient pas bougé d'un centimètre. En se limitant au Koweit, il a tout perdu, car le problème n'était pas le Koweit, mais celui qui l'avait téléguidé dans la guerre contre l'Iran.

Quant à l'ex-dirigeant iranien, il savait très bien que l'Arabie Saoudite représentait un danger existentiel pour l'Iran ; il savait très bien que le peuple chiite sur le territoire saoudien vivait dans la misère absolue – alors qu'il était assis sur une bande sur laquelle se trouvaient 80 % des ressources pétrolières de ce territoire. Lui qui se vantait d'avoir la quatrième armée du monde aurait dû alors, dès 1977 – quand son amitié avec le président Sadate et les Israéliens le lui permettait –, imposer la partition de l'Arabie Saoudite en deux : deux tiers de la superficie du pays ainsi que deux tiers de ses ressources annexées à l'Égypte.

Un tiers restant de la superficie du pays ainsi qu'un tiers de ses ressources pour sa population chiite, créant ainsi un État chiite indépendant mais proche de l'Iran,

Donc ma volonté est que soit mis fin à l'Arabie Saoudite dans sa configuration actuelle, et ma conviction est que ce sera chose faite.

Et vous croyez que les Américains l'auraient suivie dans une telle entreprise ?

L'Arabie Saoudite est un non-pays qu'on a mis entre les mains d'incapables avec des moyens considérables, injustement accaparés par un clan et depuis très peu entre les mains d'un seul homme.

Si le Shah avait réglé le problème saoudien, les choses auraient été différentes. Si d'aventure mon pays fait l'erreur de considérer que l'Arabie Saoudite est un « petit problème », l'Iran va être sérieusement menacé par ce clan ; peut-être pas aujourd'hui, peut-être pas dans deux ans, peut-être pas par ce jeune désaxé, mais par un autre fou, tôt ou tard.

L'Iran et l'Arabie Saoudite, sous sa forme actuelle, ne peuvent pas coexister.

Mais il y a un problème beaucoup plus grave : l'Égypte survit aujourd'hui grâce à une misérable aumône de l'Arabie Saoudite.

L'Égypte est un pays d'environ 100 millions d'habitants, qui dépassera dans trente ans les 120 millions. Gangrené par la misère, il est à lui seul une poudrière qui peut exploser à tout moment.

La richesse qui se trouve sous le sol saoudien, déduction faite de celle qui doit revenir à sa population chiite, doit être mutualisée de manière équitable avec l'Égypte, la Jordanie et le peuple palestinien, en proportion de leurs populations respectives.

Quant au territoire de l'entité saoudienne, déduction faite du tiers qui doit revenir aux chiites pour créer la république chiite saoudienne, il doit être annexé à l'Égypte.

Dans ces conditions, les petits pays riches du Golfe se débarrasseront de la tutelle saoudienne, la Turquie pourra sereinement prétendre à son rôle de leader du monde sunnite, et l'Égypte, mais aussi la Jordanie et le peuple palestinien, pourront régler le problème de leur misère chronique.

Reste que dans ce grand dessein, un clan de quelques centaines de personnes, corrompu mais divisé, va être sacrifié au profit de la population de la région et de la paix durable au Moyen-Orient.

Vous croyez vraiment que dans ces conditions, le Congrès américain, l'opinion publique et le reste du monde prendront le risque d'une déflagration de la région et peut-être même d'une troisième guerre mondiale pour venir en aide à un clan, alors que le résultat serait dans l'intérêt des peuples de cette région et, *in fine*, des États-Unis mais aussi du reste du monde ?

L'Arabie Saoudite contemporaine est née de l'alliance ancienne entre la tribu des Saoud et une forme puritaine très extrême de l'islam sunnite, qui est le wahhabisme. Il est incontestable que le wahhabisme a beaucoup contribué, avec l'argent du pétrole, à répandre l'islamisme et les idées les plus radicales dans le monde musulman sunnite, qui se sont transformées souvent en actes terroristes. Face à cette radicalisation extrême du monde sunnite, que peut faire l'Occident ?

Je profite de votre question pour préciser tout d'abord que le sunnisme représente la deuxième religion dans les trois plus grands pays de l'Europe : l'Allemagne, la Grande-Bretagne et la France.

Cette population se trouve très souvent concentrée géographiquement dans les zones les plus déshéritées de ces pays, parfois même des zones de non-droit. C'est là que les mouvements terroristes sunnites recrutent.

L'Iran chiite est l'ennemi numéro un de l'islamisme sunnite, même si ce dernier est d'abord un problème pour les pays sunnites eux-mêmes, ensuite pour l'Europe, la Chine, la Russie et accessoirement pour le continent américain et donc les États-Unis.

Le terrorisme sunnite concerne l'Iran et essentiellement les parties de l'Europe à forte implantation sunnite.

Je précise également que le monde occidental n'est outillé ni logistiquement, ni idéologiquement, ni physiquement pour combattre cette forme de terrorisme.

Enfin, avant de répondre à votre question sur la manière dont l'Occident peut faire face à ce terrorisme – qui va gangrener la vie des générations futures en

Europe si rien n'est fait –, je souhaite évoquer le passé récent de l'Iran.

Il est vrai que mon pays, pendant sa phase révolutionnaire, pour des raisons que j'ai déjà expliquées, a soutenu toutes sortes de mouvements sunnites, y compris terroristes, à travers le monde.

Il est vrai aussi que, pendant cette phase, il a participé à des actes terroristes sur le sol européen, et en particulier en France. Des actes meurtriers qui ont coûté la vie à des innocents.

Le dernier attentat attribué à l'Iran remonte à 1994 en Argentine, contre un bâtiment abritant des associations juives, faisant 84 morts et 240 blessés.

Rien au monde ne peut justifier un acte terroriste contre des innocents. Et rien au monde ne peut nous faire pardonner ces attentats.

Mais ils doivent être resitués dans le contexte dans lequel se trouvait alors mon pays, harcelé par le monde extérieur hostile et contraint à un combat à armes inégales. Souvenons-nous du peuple juif luttant contre les Anglais pour la création d'un État en Palestine, ou de la Résistance française en guerre contre les collabos français pendant l'Occupation.

Je ne cherche pas à comparer ces trois cas qui ne sont pas comparables, mais dans les trois il y a eu utilisation d'« actes terroristes », même si rien ne peut justifier la mort d'un innocent. Je ne cherche pas à justifier ce qui n'est pas justifiable, je souhaite simplement mettre en perspective le contexte dans lequel ces attentats ont été perpétrés par mon pays.

Mais depuis cet attentat de 1994, la République islamique d'Iran n'a été liée ni de près ni de loin à un attentat terroriste. Tous, depuis cette date, et quel que soit le lieu, ont été fomentés par des sunnites et très souvent commis par des terroristes sunnites dont la nationalité était celle du pays dans lequel l'attentat a été commis.

Donc, le terrorisme islamiste est aujourd'hui sunnite. L'ennemi est l'islamisme sunnite devenu terroriste.

Or, vous, en Occident, n'êtes pas armés pour le combattre, ni aujourd'hui, ni demain.

L'homme occidental veut des guerres où ses propres victimes se comptent sur les doigts d'une main, pour ne pas dire sans victimes ; et quand il y a quelques morts, c'est un événement tragique pour toute la nation. Je vous comprends, mais en face, le terroriste sunnite fait la guerre pour mourir.

Ensuite, l'homme occidental a des règles démocratiques et déontologiques sophistiquées à respecter durant la guerre : interdiction de la torture, d'enlever des proches innocents, de pratiquer des exécutions sommaires. Le terroriste sunnite, lui, n'a aucune règle, il est là pour tuer et pour mourir.

Et enfin, le pire : le terrorisme sunnite est un serpent à tête multiple qui se reproduit à l'infini. Chaque tête que vous coupez se reproduira en pire, au même endroit mais aussi ailleurs. Ce terrorisme se multiplie comme des cellules cancéreuses. Vous décapitez Al-Qaïda, vous avez Daesh ; vous décapitez Daesh en Syrie, vous avez Daesh ailleurs, et ainsi de suite. Vous ne gagnerez jamais cette guerre seuls.

La République islamique d'Iran et l'Occident ont un ennemi commun et cet ennemi est l'intégrisme terroriste sunnite.

Si l'Occident accepte que le Grand Iran devienne son partenaire stratégique sans chercher à le dissoudre dans son moule, le Grand Iran nettoiera la région et le monde de ce fléau et rebâtira avec ses voisins – une fois réglé le problème du territoire saoudien – le contour d'un Moyen-Orient pacifié, qui sera, pour plusieurs générations, l'une des plus grandes zones de prospérité du monde.

Quels changements politiques et territoriaux préconisez-vous pour la région ?

Il y a cent ans, quelques incompétents occidentaux, sans vision et sans compréhension de la réalité complexe du Moyen-Orient, se sont octroyé le droit de décider à leur guise du destin des peuples de cette région.

Ainsi est née la carte du Moyen-Orient après la Première Guerre mondiale :

un ensemble de pays artificiels côtoyant de vraies nations ;
une poudrière de haine profonde, de complots de vengeance et de rêves de domination.

Cette région bénie de Dieu a été maudite par l'incompétence de quelques Occidentaux au lendemain de la Première Guerre mondiale.

L'une des régions les plus riches du monde est devenue, par leur faute, l'une des régions les plus instables, fabriquant des fous et des terroristes kamikazes capables de mettre à genoux l'Occident sur sa propre terre.

Et vous me demandez quels changements politiques et territoriaux je préconise ?

En préconisant, on n'arrive à rien ; encore moins dans cette partie du monde.
Si l'on veut arriver à un changement concret et pérenne, il faut être en capacité de l'imposer dans l'intérêt du plus grand nombre, et en prenant acte de la réalité géographique, historique et politique de cette région.

On réglerait une fois pour toutes l'ensemble des problèmes de cette région de plus de 420 millions d'habitants – allant de l'Iran à l'Égypte en passant par la Turquie – avec moins de 500 victimes, tous du même territoire, tous du même clan, tous corrompus jusqu'à l'os et tous haïs par leur peuple et les peuples de la région.

La partition de l'Arabie Saoudite, comme je l'ai déjà expliqué, ferait plus de 420 millions de gagnants et moins de 500 perdants.

Est-ce que vous pensez que l'Arabie Saoudite a eu raison d'intervenir au Yémen, puisqu'ils partagent tous les deux la même péninsule ?

Les dirigeants de ce territoire que l'on appelle le royaume d'Arabie Saoudite ont une haine viscérale et un complexe d'infériorité vis-à-vis du peuple iranien, de son histoire et de ses dirigeants, et en même temps ils ont une vision hégémonique sur la région. Ce mélange explosif est une bombe à fragmentation qui explosera tôt ou tard et anéantira toute la région.

Les dirigeants saoudiens ont dépensé des sommes faramineuses pendant les cinq premières années de la guerre civile en Syrie et depuis plus de cinq ans au Yémen pour conquérir ces deux pays – ou du moins pour installer des régimes à leur botte – et ils ont échoué dans les deux cas.

Ils ont créé et mené la plus grande coalition militaro-financière de l'histoire du monde arabe au Yémen et ils ont lamentablement échoué.

La question n'est donc pas de savoir s'ils ont eu raison d'intervenir au Yémen : il suffit de regarder la situation de ce pays, la catastrophe humanitaire qui y sévit et les finances de l'Arabie Saoudite pour avoir votre réponse.

La vraie question est ailleurs.

Quand l'incompétence des dirigeants saoudiens, combinée à leur puissance de frappe financière et nourrie par leur haine de mon peuple, mènera-t-elle cette région à l'autodestruction ?

L'anomalie saoudienne est sa capacité de production de plus de 12 millions de barils de pétrole par jour et donc son budget militaire concentré entre les mains d'un maître absolu, qui s'est fixé comme mission de rayer l'Iran de la carte au prix de la destruction de la région s'il le faut, comme il l'a déjà tenté au Yémen, en Syrie ou, avec beaucoup de naïveté, au Qatar.

Vous avez dit qu'il était grand temps pour l'Iran de venger les quarante ans d'humiliation passés ; comment envisagez-vous ce retournement ?

Je n'aime pas le mot vengeance, je déteste les comportements vindicatifs, encore plus la haine d'autrui, mais pour autant, on ne peut pas oublier quarante ans d'humiliation.

Nous avons la responsabilité de répondre à notre peuple, non pas pour venger, mais pour arrêter cette hémorragie mortelle que les dirigeants saoudiens nous ont imposée – un retard financier, économique, industriel et technologique – que rien au monde ne peut compenser, ni sur le plan financier, ni sur le plan territorial.

Notre objectif premier doit être de s'assurer que plus jamais des forces ennemies ou hostiles ne s'installeront à nos frontières.

Notre objectif second doit être que la responsabilité de cette humiliation ne soit pas dispersée ou diluée sur d'autres pays qui ont pu participer – à des moments différents et pour des raisons différentes – à cette humiliation.

Car l'Arabie Saoudite est la seule responsable.

Elle a été la commanditaire de la guerre de Saddam contre mon pays, qui a duré un peu moins de huit ans et qui a fait pas loin d'un million de morts innocents en Iran.

Elle a été la commanditaire de tous les mouvements d'opposition et très souvent terroristes qui ont œuvré contre la République islamique d'Iran depuis 1980.

Et enfin, le plus grave, elle a été l'instigatrice de toutes les sanctions menées par les États-Unis d'Amérique et l'Europe contre mon pays.

Donc il n'y a pas de vengeance, simplement l'établissement de la justice, car sans la justice il n'y aura jamais la paix, et sans la paix il n'y aura jamais de solution durable pour cette région.

Vous avez parlé d'un axe chiite : Téhéran, Bagdad, Damas, Beyrouth. Cet axe, qui a été à un moment très clairement dominé par Téhéran, n'est-il pas en train d'exploser, avec la multiplication de ces manifestations de jeunes, à la fois à Bagdad et à Beyrouth, où les partis inféodés à l'Iran sont conspués par la foule ?

Je n'ai jamais utilisé le terme « axe » et je n'aime pas ce terme ; il est utilisé par nos ennemis et fait ressurgir les souvenirs les plus noirs de la Deuxième Guerre mondiale.

J'ai toujours parlé de la responsabilité imprescriptible de l'Iran envers son peuple, mais aussi envers tous les peuples chiites de la région ; c'est ce qui a guidé notre présence au Liban, mais aussi en Irak et en Syrie.

Vous me parlez des « mouvements populaires », ici et là, qui pourraient remettre en cause notre droit et notre devoir de protéger les peuples chiites dans ces pays.

Savez-vous quelle est la différence fondamentale entre un Occidental et un Oriental ?

Non.

Vous raisonnez à très court terme et nous raisonnons à très long terme.

Quand vos dirigeants raisonnent à l'échelle d'un mandat politique de quatre à cinq ans, nous raisonnons à l'échelle de quarante à cinquante ans.

Je sais qu'il y a des gens qui descendent dans la rue, et qu'il y a un vrai mouvement de contestation au Liban comme en Irak, comme il y a en France ou dans d'autres pays. Un mouvement de contestation ne doit pas aboutir au désordre, il ne doit pas être à l'origine du chaos.

Aujourd'hui au Liban, à juste titre, le peuple libanais, la jeunesse libanaise, beaucoup de femmes, souhaitent une évolution et veulent combattre la corruption.

Tout cela est compréhensible, et personne ne doit remettre en cause le combat d'un peuple contre la corruption et l'incompétence, mais personne non plus n'a le droit d'utiliser un mouvement de contestation pour provoquer le chaos. Aujourd'hui, au Liban, la seule force capable d'éviter la guerre civile est chiite.

En Irak, le peuple demande plus de justice sociale, une meilleure redistribution des richesses et l'éradication de la corruption. Pour cela, il faut d'abord rétablir l'ordre ; seule la force chiite en est capable pour ensuite répondre aux revendications légitimes du peuple.

Ces mouvements de mécontentement doivent trouver des réponses politiques, une fois que l'ordre est rétabli dans ces pays.

Le Moyen-Orient a connu beaucoup de guerres, il est fort endommagé. L'Europe, après ses propres guerres, s'est reconstruite en bâtissant une union économique (le marché commun) devenue l'Union européenne. Estimez-vous que la région du Moyen-Orient, ou du moins du golfe Persique, devrait procéder de la même manière ?

Pour être exact, à l'origine il y a eu la CECA (Communauté européenne du charbon et de l'acier) pour soutenir son industrie et la moderniser, mais l'objectif réel et profond était d'empêcher une nouvelle guerre entre la France et l'Allemagne en la rendant matériellement impossible ; et ce fut une réussite extraordinaire, car jamais l'Europe n'a connu une aussi longue période de paix.

Par la suite, il y a eu la Communauté économique de l'Europe, qui s'appelle aujourd'hui l'Union européenne.

La paix étant déjà acquise, l'objectif de ces deux dernières transformations était purement économique, car aucun des grands pays européens n'avait la capacité de faire face, seul, aux enjeux et à la compétition économique et technologique du monde en mutation. D'où ce grand marché unique, permettant la libre circulation des hommes, des capitaux, des services et des marchandises.

Le seul problème de cette Europe est qu'elle a été construite sur un modèle sans leadership. Or, toute grande aventure humaine nécessite un leadership solide. Une grande entreprise a besoin d'un vrai patron, une grande armée d'un général en chef et une grande nation d'un vrai chef.

C'est l'inexistence de ce leader au sein de l'Europe qui la bloque et la fait régresser entre les États-Unis d'Amérique et la Chine.

En ce qui concerne mon pays et la région, à partir du moment où j'ai clairement dit que l'Iran n'a aucune visée territoriale, le Grand Iran ne peut exister qu'à travers une union économique et politique des pays chiites de la région (Iran, Irak, Syrie, Liban), mais sans les blocages et les faiblesses de l'Union européenne.

L'Iran est un pays de plus de 80 millions d'habitants, mais on n'a pas la masse critique (un marché de plus de 150 millions de consommateurs) indispensable pour devenir une très grande puissance économique.

Nous allons la construire à travers cette union économique et politique qui aura par ailleurs accès à la mer Méditerranée.

Aujourd'hui, l'Iran est soumis aux sanctions, l'Irak dans une situation chaotique, la Syrie pas encore sortie de la guerre civile et le Liban en pleine crise de contestation.

Ce qui caractérise provisoirement les quatre pays de cette future union (les sanctions, le chaos, la guerre civile et la contestation profonde) peut décourager n'importe quel esprit sain. Mais pas moi : je sais que dans moins de vingt-quatre mois, tous ces problèmes seront réglés, d'une manière ou d'une autre. J'y reviendrai.

Donc nous devons commencer à bâtir les contours de cette union avant vingt-quatre mois.

Une union, comme toute grande réalisation, a besoin d'un chef, d'une vision, d'un dessein, d'une perspective et c'est à l'Iran qu'incombe ce rôle.

Dans un premier temps, nous devrons renforcer notre protection sur ces pays qu'on a déjà sauvés, pour instaurer dans un deuxième temps les conditions de stabilité, indispensables à leur reconstruction économique.

L'Union économique et politique de l'Iran, l'Irak, la Syrie et le Liban (« UIISL ») sera une organisation supranationale en charge de la politique commune de l'eau, de l'agriculture, de l'industrie et du commerce, mais aussi de sa politique étrangère et de défense.

Le poids de chaque pays dans les instances de décision de cette union sera défini en fonction de leur superficie, de leur population et de leur PIB.

Chaque pays gardera son indépendance, mais dans les domaines de compétence de l'union, la politique de l'union primera sur la politique nationale de chacun des pays membres.

Le préalable de cette union est la levée des sanctions américaines contre l'Iran ; et comme je l'ai déjà dit, à échéance de vingt-quatre mois, ces sanctions n'existeront plus. J'y reviendrai.

Il faut expliquer aux peuples de ces quatre pays, et en premier lieu au mien, la finalité de cette union. C'est un long travail de pédagogie, il faut faire confiance à l'intelligence et la maturité des peuples, et je sais qu'une majorité écrasante des populations de ces quatre pays adhérera à la création de cette union.

Personne n'a expliqué au peuple iranien les raisons de notre présence en Irak, en Syrie ou au Liban.

Personne n'a expliqué au peuple iranien combien cette présence nous coûte par an et combien cela nous rapportera dans les décennies à venir.

Personne n'a expliqué aux peuples de ces trois pays que nous avons sauvés, les raisons de notre présence chez eux.

Personne n'a expliqué à ces trois peuples le coût financier et humain de notre intervention pour garantir leur indépendance.

Personne n'a expliqué clairement quel rôle l'Iran va jouer pour stabiliser cette région, pour installer la paix et pour reconstruire l'économie de cette union, qui sera le plus grand chantier de reconstruction économique depuis le plan Marshall pour l'Europe après la Deuxième Guerre mondiale.

J'ai l'impression que pour vous l'économie prime sur la démocratie...

La démocratie telle que définie au siècle des Lumières a perdu de son souffle. Ce que le peuple cherche avant tout, c'est le bien-être, la distribution la plus juste du fruit de la croissance et le partage équitable des ressources de son pays : ce ne sont plus les droits de l'homme qui priment, mais le droit à mieux vivre.

La préoccupation de tous les peuples aujourd'hui est la recherche d'une vie meilleure, d'un avenir dégagé et la certitude que leurs enfants auront une vie meilleure qu'eux, ce qui est de moins en moins certain.

Tous les peuples aspirent à ces mêmes valeurs, du Brésil aux Philippines, de la Chine à l'Inde, de la France à l'Espagne...

L'écologie aussi fait partie de ce désir de mieux vivre.

Donc oui, l'économie prime sur la démocratie. L'unique utilité de la démocratie est de permettre au peuple de faire élire ceux qui sont les plus aptes à garantir leur quête de mieux vivre et la meilleure redistribution des richesses à leur profit.

Le développement économique et démocratique ne peut se faire de manière parallèle ; c'est le développement économique qui permettra, le moment venu, l'installation de la démocratie telle que chaque peuple la choisira.

Chaque fois qu'il y a un choix à faire entre le développement économique ou le développement démocratique, il faut choisir le développement économique.

Je prendrai deux exemples pour illustrer ma pensée : l'Inde et la Chine.

Voilà deux pays, de taille et de population à peu près identiques, ayant tous deux une histoire très ancienne.

L'Inde est devenue une démocratie il y a à peu près soixante-dix ans et la Chine est devenu un pays communiste à peu près à la même époque.

L'Inde a construit son modèle de développement en faisant prévaloir la démocratie sans discontinuité. Aujourd'hui, c'est un pays dans lequel les élections sont libres, les journaux sont libres, les gens s'expriment à peu près librement, même si quelques minorités ont des problèmes. L'Inde est une démocratie.

Dans cette grande démocratie, une grande entreprise doit être équipée de générateurs pour être sûre de ne pas subir de coupures électriques.

Dans cette grande démocratie, quand vous, touriste, quittez votre hôtel par son grand portail – même si c'est le meilleur hôtel situé dans le meilleur quartier –, vous n'allez pas côtoyer que la misère, mais des Indiens qui meurent sous vos yeux.

Voici un modèle où la démocratie prime sur l'économie.

C'est ce que l'Occident veut imposer au reste du monde.

Personnellement, je ne supporte pas ce modèle et je ne le veux pas pour mon pays.

La Chine est un pays qui, après être devenu communiste il y a environ soixante-dix ans – avec toutes les souffrances qui ont caractérisé cette période –, a décidé il y a à peine trois décennies – après la chute du mur de Berlin – de changer de modèle économique pour sauver son système politique.

En 1990, le PIB de la Chine représentait 6 % de celui des États-Unis d'Amérique, 29 % de celui de la France et à peine 15 % de plus que celui de l'Inde.

Moins de trois décennies plus tard, en 2018, son PIB représentait déjà 77 % de celui des États-Unis d'Amérique, 4,8 fois celui de la France et surtout 5,6 fois celui de l'Inde.

Les chiffres parlent d'eux-mêmes.

En moins de trois décennies, deux pays de taille et de population identiques que tout rapprochait, sauf leur structure politique – l'une démocratique et l'autre autoritaire mais avec une économie libéralisée –, ont eu deux parcours économiques, technologiques, scientifiques et sociaux complètement divergents.

Si vous prenez mille Chinois et leur proposez de devenir des Indiens, pas un seul n'acceptera. Et si vous prenez mille Indiens et leur proposez de devenir chinois, ils accepteront tous.

Certes, il n'y a pas la démocratie en Chine.

Certes, la liberté d'expression n'existe pas sous sa forme occidentale.

Certes, une très grande partie de la population de Hong-Kong n'apprécie pas le contrôle de la Chine.

Mais quel autre pays au monde a pu donner à son peuple ce développement économique fulgurant et en même temps solide ?

Quel autre pays au monde a été capable de passer, en moins de trois décennies, du néant à la deuxième puissance économique, technologique et scientifique du monde ?

Il est évident par ailleurs que personne ne peut cautionner la manière dont les émeutes de la place Tianan men ont été réprimées et écrasées, mais personne non plus ne voudrait une Chine de plus d'un milliard quatre cent millions de personnes sombrant dans le chaos.

Donc dans un monde idéal, la démocratie de l'Inde couplée à l'économie la Chine serait le meilleur système, mais comme le monde idéal n'existe que dans l'imaginaire de quelques intellectuels, le modèle chinois reste la meilleure voie vers le mieux-vivre du plus grand nombre, quel que soit le coût de cette abstinence démocratique.

La seule utilité de la politique est de répondre aux exigences économiques du peuple. Sinon, la politique ne sert à rien. C'est la mission première de la politique et de la démocratie, or aujourd'hui les démocraties parlementaires n'arrivent plus à remplir ce rôle pleinement.

Je prends un seul exemple : l'Espagne est une démocratie parlementaire. En décembre 2019 et après deux élections en moins d'un an, cette démocratie a été incapable de donner un gouvernement au pays ; combat d'ego et d'ambitions, luttes de pouvoir et marchandages de partis.

C'est une démocratie, mais depuis deux ans une fraction de la population catalane s'est octroyé le droit à l'autoséparation.

Si c'est ça votre démocratie, elle ne me convient pas.

La démocratie doit être avant tout le reflet de l'ordre, de la stabilité et de la gouvernabilité.

L'ordre est le préalable à toute construction politique et économique.

Le premier devoir de l'autorité politique est de garantir à ses citoyens la sécurité intérieure et extérieure.

Donc, la responsabilité de mon pays et son utilité première est d'instaurer l'ordre et la stabilité sur l'ensemble du territoire de cette future union : nous en avons la capacité, le savoir-faire et nous avons le devoir de l'assumer.

Si notre main tremble, si nous échouons, alors il n'y aura ni reconstruction économique, ni démocratie, mais seulement le chaos et la mort durant plusieurs décennies, chez nous et sur tous les continents.

L'autorité politique dans chaque pays ainsi que celle de l'union doivent avoir – dans le cadre de leur mandat – le pouvoir de décider, de trancher et d'imposer leur programme : la construction économique de l'union, la redistribution juste de ses richesses et l'éradication définitive de la corruption à toutes les échelles de la société. En un mot, le mieux-vivre pour le peuple.

La corruption est une gangrène qui se propage dans la misère et par la misère. C'est en abolissant la misère que l'on éradique le cancer de la corruption.

L'autorité en politique ne signifie pas la dictature, mais l'absence d'autorité provoque, à coup sûr, le chaos et la destruction.

En 1958, lors d'une conférence de presse, le général de Gaulle annonça qu'il serait disponible, après les événements d'Algérie, pour diriger le gouvernement.

Un journaliste lui demanda : « Est-ce que vous garantiriez les libertés publiques fondamentales ? » et le Général répondit : « Pourquoi voulez-vous qu'à soixante-sept ans je commence une carrière de dictateur ? »

Parce que de Gaulle a été autoritaire, il a pu unifier et incarner la Résistance.

Parce que de Gaulle a été autoritaire, il a pu exister face aux alliés.

Parce que de Gaulle a été autoritaire, il a été respecté par Churchill, même s'il l'agaçait très souvent.

Parce qu'il a été autoritaire, l'État français – inexistant au lendemain de la Deuxième Guerre mondiale – a pu être rebâti indépendamment du diktat des Américains et c'est peut-être le plus grand legs du général de Gaulle à la France.

Donc, il faut apprendre aux peuples de cette future union que l'autorité n'est pas la dictature, mais que l'absence d'autorité fait le lit de la corruption et de la destruction.

Vous admirez le développement et le modèle chinois, mais si l'Iran et la communauté des pays chiites dont vous avez parlé, c'est-à-dire l'Iran, l'Irak, la Syrie et le Liban, veulent suivre le modèle chinois, ne faut-il pas qu'il y ait, comme en Chine, séparation du politique et du religieux ?

Nous avons déjà abordé ce sujet, je vous ai répondu et donné comme contre-exemple l'Angleterre. Je me répète : vous, Occidentaux, avez l'obsession de vouloir imposer votre modèle de société au reste du monde. Quelle est cette obsession de vouloir séparer la religion de la politique ? Pouvez-vous me l'expliquer ?

Il est vrai qu'en Occident, nous sommes assez méfiants sur le gouvernement de Dieu. On entend bien toutes ces masses musulmanes qui s'insurgent contre la corruption de leurs hommes politiques et qui réclament « le gouvernement de Dieu », parce que, évidemment, Dieu ne vole pas et ne triche pas ; mais l'exemple de la théocratie en Iran est bien connu, il a échoué… En Occident, nous pensons que la politique doit rester du domaine des hommes. Nous préférons un gouvernement des hommes à un gouvernement de Dieu…

L'homme est l'incarnation du bien et du mal.

L'homme n'est pas bon ou mauvais, il est en même temps bon et mauvais.

C'est ainsi que nous sommes faits.

Un général tout-puissant à la tête des forces de l'ordre peut être un homme juste et bon ; et un civil fonctionnaire derrière son bureau peut être la personne la plus vindicative et injuste de l'humanité.

Il en va de même des religieux chrétiens, juifs ou chiites ; ils peuvent être bons et justes ou mauvais et malhonnêtes. Ce n'est pas l'habit ou la proximité d'avec Dieu qui fait qu'un homme est bon ou juste.

C'est son for intérieur, son ADN, son éducation et surtout son parcours, qui font d'un homme ce qu'il est.

Donc je ne suis absolument pas d'accord avec vous sur la séparation de la religion et de l'État ; en tout état de cause, pas pour les raisons simplistes des intellectuels occidentaux.

Ce n'est pas la religion qui peut empêcher l'avancement d'un pays, ce n'est même pas l'homme qui incarne cette religion qui peut l'empêcher, mais c'est l'homme qui peut, par sa vision, ses capacités, sa force d'entraînement, faire basculer son pays du bon ou du mauvais côté ; du côté du progrès et du bien-être ou du côté de la régression et du mal-être.

Vous, les Occidentaux, refusez à bon droit que quelques fous islamistes sunnites veuillent imposer leur charia et leur modèle de société chez vous, alors pourquoi voulez-vous nous imposer votre modèle de société, et votre laïcité ?

Quelle est votre vision du développement de l'Iran et du développement de ce marché commun entre l'Iran, l'Irak, la Syrie et le Liban ?

Tout d'abord, tout cela ne peut exister et fonctionner que si nous sommes en capacité d'empêcher toute force hostile ou ennemie de s'installer à nos frontières. Donc, l'Arabie Saoudite est un problème et ce problème doit être réglé.

Ensuite, j'aime l'Iran tel qu'il est et non pas tel que j'aurais pu éventuellement vouloir qu'il soit.

Je suis fasciné par cette grande nation, ce grand peuple. Certes nous avons fait des erreurs mais nous les avons toujours assumées, et nous ne les avons jamais mises sur le dos des autres.

Cette grande nation ne cherche nullement à construire un nouvel empire, contrairement à la perception fausse que nos ennemis – à commencer par les Saoudiens – ont voulu colporter.

Nous savons mieux que quiconque que les empires finissent par disparaître tout ou tard, nous en avons eu l'expérience.

Il y a 2500 ans, l'Empire perse était le plus grand

empire méditerranéen et le plus grand des empires mondiaux de l'Antiquité.

Dans le monde d'aujourd'hui, toute visée territoriale dans le but de créer de nouveaux empires est une stupidité.

En revanche, vouloir créer des grandes unions pour renforcer le poids économique et politique de plusieurs pays face à la mondialisation est tout simplement indispensable.

C'est exactement ce que je veux avec cette union « UIISL ».

C'est à travers cette union que nous allons bâtir le Grand Iran.

Mais cette union ne peut exister et surtout durer, que s'il y a complémentarité entre ses membres. Que si chaque pays membre et son peuple jugent que cette union leur apporte plus que l'isolement. Qu'ensemble, ils auront plus que séparément. Qu'ensemble, ils sont plus forts que seuls.

Mais il faut aussi que les autres pays et peuples de la région qui ne font pas partie de cette union trouvent dans cette union un avantage pour eux et non pas une menace pour leur existence.

Concernant l'Iran, nous sommes une grande nation forte d'une très longue histoire et dotée d'une des jeunesses les plus éduquées et cultivées du monde, donc nous avons naturellement vocation à devenir l'une des plus grandes puissances économiques et politiques de la planète, l'une des dix premières en moins d'une décennie, après la levée des sanctions américaines.

Mais comme je l'ai déjà expliqué, nous n'avons pas la masse critique de la population nécessaire à l'intérieur de nos frontières pour devenir une très grande puissance en une décennie, c'est pourquoi nous avons besoin de cette union politique et économique.

Quant aux trois autres pays de cette future union, chacun a besoin de ce que vous appelez le « marché commun » – mais comme vous l'avez bien compris, il s'agit d'une union politique et économique – en charge de la sécurité, du développement, de la redistribution équitable des richesses et donc du combat sans pitié contre la corruption endémique qui dilapide les ressources et les capacités de production de ces pays.

La future union sera en charge, dans l'intérêt de l'intégralité de sa population, de définir et de mettre en œuvre une politique commune de l'eau, de l'agriculture, de l'industrie, ainsi que la politique commerciale de l'union avec ses voisins.

Quant aux autres pays de la région qui ne font pas partie de cette union, tels que la Turquie, l'Égypte, la

Jordanie, le Qatar... ils auront – à travers des accords avec cette union – les meilleures conditions de développement de leur propre économie car ils auront accès direct à un marché de plus de 150 millions de personnes, vivant sur un territoire qui sera le plus grand chantier de reconstruction économique du monde.

Mais pour y arriver, il faut un pays leader pour mener ce projet, pour l'incarner. Il faut avoir le courage de dire à ces peuples, y compris celui de mon pays : « Nous ne voulons pas vous garantir une meilleure vie subjective, mais une meilleure vie objective en lien avec les vraies capacités de cette union ; nous sommes en capacité de garantir en moins d'une génération, à la population de toute l'union, le plein emploi, l'inflation zéro, la gratuité des études ainsi que la sécurité sociale et la retraite pour tous. »

Cela ne sera possible que si l'union se charge du régalien et dans ce cadre de la définition de cette politique de reconstruction et de développement, mais l'exécution économique doit revenir essentiellement au secteur privé.

Il faut que chaque membre de cette union apprenne le goût du risque et d'entreprendre, nous devons les encourager à investir et à réinvestir, à prendre des risques pour construire leur avenir et celui de leurs enfants ; il faut encourager toutes les initiatives privées.

C'est le secteur privé qui sera le moteur de cette reconstruction.

Theodore Roosevelt a dit : « Le mérite appartient à celui qui descend vraiment dans l'arène, dont le visage est couvert de sueur, de poussière et de sang, qui se bat vaillamment, qui se trompe, qui échoue encore et encore – car il n'y a pas d'effort sans erreur et échec –, mais qui fait son maximum pour progresser, qui est très enthousiaste, qui se consacre à une noble cause, qui au mieux connaîtra *in fine* le triomphe d'une grande réalisation et qui, s'il échoue après avoir tout osé, saura que sa place n'a jamais été parmi les âmes froides et timorées qui ne connaissent ni la victoire ni l'échec. »

Je n'aime ni l'arrogance ni l'impérialisme des Américains, mais j'admire leur esprit d'entreprise. Tout est dit dans cette phrase, qui est l'âme de ceux qui ont bâti la puissance américaine : entreprendre, risquer, se tromper, échouer, recommencer, et recommencer encore. C'est ainsi qu'ils ont dominé le monde, c'est ainsi qu'ils ont créé le rêve américain.

Nous devons être capables, nous aussi, de bâtir notre rêve collectif pour l'ensemble des peuples de cette union.

Voilà ce que je veux pour mon pays et les trois autres pays de cette future union.

Il reste une question fondamentale : les peuples de ces quatre pays comprendront-ils que le modèle chinois leur apportera beaucoup plus et beaucoup plus vite que le modèle indien, ou la propagande occidentale les empêchera-t-elle de voir cette réalité flagrante ?

Il faut faire confiance, comme je l'ai déjà dit, à la maturité et l'intelligence de ces peuples. Je n'ai aucun doute que non seulement ils comprendront ce modèle, mais qu'ils seront, dans leur immense et écrasante majorité, demandeurs.

J'ai vécu près de deux tiers de ma vie dans les démocraties occidentales qui m'ont tout donné, de mon statut de réfugié politique et mes études gratuites jusqu'à mes relations et tout ce que j'ai pu réaliser grâce à leur liberté d'entreprendre et leur liberté tout court.

Ce que je suis aujourd'hui, je le leur dois en partie et je leur en serai reconnaissant toute ma vie.

Comment pourrais-je alors ne pas reconnaître les vertus de la démocratie ? Bien sûr que la démocratie occidentale est « le moins mauvais des mauvais systèmes » que le monde ait jamais connu. Donc, je n'ai nullement l'intention de mettre en cause la démocratie, mais sa propension à croire en son modèle universel.

J'aspire à la construction par les peuples de leur démocratie sur les sentiers qu'ils traceront eux-mêmes, avec leurs erreurs et leurs échecs car c'est ainsi qu'ils apprendront et rectifieront si nécessaire.

Nous devons apprendre à nous respecter les uns les autres sans vouloir chercher à reproduire nos clones partout à travers la planète.

La diversité est la première richesse de l'humanité ; elle doit aussi exister et être acceptée dans les modèles de société qui régissent la vie des nations, tant que ces modèles ne remettent pas en cause les autres et en particulier le modèle démocratique ou laïque de l'Occident.

Le modèle chinois doit cohabiter avec le modèle indien.

Le modèle russe avec celui de l'Union européenne.

Le modèle chiite avec celui, sunnite, de la Turquie et de l'Égypte.

Chacun de ces modèles doit avoir un seul objectif : acheminer son peuple constamment et continuellement vers une vie meilleure dans un environnement de paix et de stabilité.

C'est ainsi que nous pourrons bâtir les fondations d'un monde meilleur ensemble, et non pas les uns contre les autres.

C'est ainsi que je définirai ma conception de la démocratie et ma vision sur les relations de mon pays et de cette future union avec le reste du monde.

Il est 1 heure du matin le 3 janvier 2020.

Je travaille dans mon bureau, sur mon livre, quand on me prévient par messagerie de l'assassinat du général Qassem Soleimani par les États-Unis d'Amérique.

L'origine de ce message ne laisse aucun doute : le général Soleimani a été lâchement descendu sur ordre de la plus haute autorité des États-Unis d'Amérique.

Ma première réaction fut : « L'Amérique n'étant pas en guerre avec l'Iran, cet acte ne peut qu'être interprété comme une déclaration de guerre contre mon pays. »

Le général Soleimani est sans doute le plus grand général que l'Iran ait eu depuis plusieurs siècles ; il est certainement l'un des plus grands généraux du monde de ces quarante dernières années, et reconnu comme tel même par ses pires ennemis.

Il était la fierté de toute la nation iranienne, il était celui qui incarnait la puissance, le courage et l'honnêteté pour le peuple iranien.

Il était celui qui aurait pu être un jour l'interlocuteur de ses propres assassins.

Alors pourquoi les Américains se sont-ils rendus coupables de cet acte insensé, aux conséquences incommensurables pour la région et peut-être au-delà ?

Est-il possible que les Américains n'aient cherché à éliminer qu'Abou Mehdi al-Mouhandis – numéro deux du Hachd al-Chaabi – pour donner un avertissement à mon pays, sans avoir été informés de la présence du général Soleimani dans le convoi ?

Est-il possible, dans ce cas, que la gravité d'une telle bavure n'ait laissé d'autre choix aux Américains que d'assumer l'assassinat du Général comme une décision venant du commandant en chef des États-Unis d'Amérique ?

Il est évident, si bavure il y a eu, que pour le prestige des États-Unis d'Amérique et de son chef, il était plus convenable d'annoncer l'élimination d'un terroriste – comme ils l'ont fait – que de se présenter devant les médias du monde entier et surtout leur opinion publique, pour dire : « Nous avions programmé l'élimination du terroriste Abou Mehdi al-Mouhandis, mais par erreur nous avons tué le numéro deux d'un pays avec lequel nous ne sommes pas en guerre, car nos services de renseignements – malgré tous les moyens technologiques et de communication dont ils disposent – sont des incompétents et se sont trompés.

De surcroît, nous annonçons à l'Iran que nous n'avons rien d'autre à leur proposer en compensation de cet acte impardonnable et inacceptable, que l'alourdissement des sanctions. »

L'assassinat du général Soleimani, prémédité ou non, a rompu définitivement le statu quo qui régnait dans la région et qui, de toute façon, n'aurait pas tenu plus de douze à dix-huit mois.

Quels étaient les piliers de ce statu quo tacite jusqu'à l'assassinat du général Soleimani ?

- Un Iran sous sanctions totales par la décision d'un homme, le président Donald Trump. De sorte que le peuple iranien souffre le martyre par manque de tout, de médicaments jusqu'aux denrées alimentaires en passant par l'accès aux circuits financiers et la technologie…
- Des dirigeants iraniens qui, malgré cette humiliation intolérable, attendent sagement – pour éviter l'irréparable – les élections présidentielles américaines dans l'espoir d'un nouveau président.
- Une réalité géopolitique qui fait *de facto* de l'Iran la première puissance de la région : le

sauveur de l'Irak après le départ des Américains, le sauveur de la Syrie en état de guerre civile, le vainqueur de Daesh, la première force politico-militaire du Liban et pour la première fois depuis 2 500 ans, enfin présent sur les rives de la Méditerranée.

- La tolérance inacceptable à notre frontière directe d'un ennemi farouche – financièrement puissant et déterminé à rayer l'Iran de la carte – à 200 kilomètres à vol d'oiseau de nos côtes du golfe Persique. Ennemi qui est à l'origine de quarante ans d'humiliation du peuple iranien et exploitant de manière inhumaine et inacceptable sa minorité chiite sur son sol.

Ce statu quo, qui fait de nous la première puissance de la région jusqu'à la Méditerranée – en dépit des sanctions et de la présence de l'Arabie Saoudite, notre ennemi, à notre frontière directe –, est devenu caduc le 3 janvier, avec l'assassinat du général Soleimani.

Qu'est devenue la grande Amérique, celle qui a sauvé deux fois le monde ?

Est-elle devenue puissante au point de pouvoir décréter terroriste qui elle veut tout en s'exonérant de ses propres actes terroristes, s'arroger l'impunité et décider de la vie et de la mort d'autrui ?

Les États-Unis ne doivent pas être étonnés de l'incompréhension qu'elle a créée dans le reste du monde.

Les États-Unis d'Amérique sont la première puissance économique, politique et militaire du monde, peut être encore pour quelques petites décennies, mais qu'ils sachent qu'en s'octroyant ainsi le droit de dominer le monde, en humiliant les autres peuples et en faisant constamment l'impasse sur leur souffrance, ils précipiteront leur propre déclin.

Quant au général Soleimani, qu'il sache, de là où il est, que sa mort ne sera pas vaine et que le Grand Iran est en marche.

Un jour, pas si lointain, son œuvre – fondée sur son héroïsme et sa persévérance – portera ses fruits dans la construction de cette union UIISL, dont il est *de facto* le fondateur avant même sa création.

Il y a eu, en janvier 2020, des manifestations dans les universités de Téhéran où les étudiants conspuaient les plus hautes autorités de l'État iranien pour leur avoir menti sur l'origine du désastre du Boeing ukrainien, abattu par erreur par un missile des forces de sécurité iraniennes. La jeunesse iranienne ne veut plus visiblement de ce pouvoir autocratique et religieux ; pouvez-vous l'entendre ?

Un avion civil a été abattu par erreur par les missiles sol-air de mon pays.

176 passagers innocents ont perdu leur vie, 82 Iraniens, 63 Canadiens d'origine iranienne et 27 passagers d'autres nationalités.

Rien ni personne ne peut compenser ni soulager l'incompréhension, l'injustice et la douleur qui frappent les familles de ces innocents.

Il est évidemment très difficile d'apporter une réponse politique à une question qui touche des êtres humains dans ce qu'ils ont de plus cher, leur famille : leur père, leur mère, leurs enfants...

Si je devais vous répondre en tant que père ayant subi une telle injustice, je crois que je serais capable, avec mes propres mains, de tuer ceux qui ont pris la vie à mon enfant. Je serais dans une haine – moi qui ne connais pas la haine – et une colère indescriptibles.

Donc, je comprends la colère de ces familles et je compatis à leur douleur.

Les tirs des missiles abattant cet avion civil, par erreur, sont une faute grave dont les responsables doivent être punis, mais n'oublions pas le contexte de cette faute, sans vouloir en aucun cas dédouaner les responsables ni atténuer leur erreur.

Cet accident malheureux et impardonnable est intervenu le jour même où l'Iran a tiré des missiles sur une base militaire américaine en Irak, suite à l'assassinat du général Soleimani.

Les dirigeants de mon pays, craignant ce jour-là une riposte américaine, auraient dû fermer le ciel de l'Iran, ainsi que les aéroports et clouer les avions au sol pendant vingt-quatre heures. Ils ne l'ont pas fait. Il est toujours facile d'avoir des solutions pour empêcher un accident après qu'il est survenu.

Les États-Unis d'Amérique, en assassinant le général Soleimani, ont créé une situation de guerre. Il est évident que, dans ce contexte, ceux qui étaient en charge du guidage des missiles sol-air ce jour-là – situés dans les zones sensibles sur l'ensemble du territoire, dont Téhéran – se trouvaient dans une situation de nervosité et de stress très particulière, puisque de la rapidité de leur réaction pouvait dépendre le sort de la capitale.

Il faut comprendre que ces missiles d'une portée d'environ 10 kilomètres, ne volent que quelques petites secondes avant d'exploser à proximité de leur cible, et par conséquent, la décision de l'envoi ou non de ces missiles ne peut être prise que quasi instantanément, soit maximum en quelques fractions de seconde.

Le jour de l'accident, même si l'avion était en partance de l'aéroport de Téhéran, vu la situation de très haute tension qui régnait ce jour-là au sein de l'équipe en charge de la protection de la capitale et de ses habitants, il n'est pas inconcevable d'imaginer qu'une décision humaine – qui devait interpréter un objet volant en deux ou trois secondes, sous peine de rater la cible potentielle qui aurait pu s'abattre sur la capitale – se soit transformée en une erreur fatale et donc une faute impardonnable provoquant la mort de tant d'innocents.

Rien ne peut justifier la responsabilité de cette erreur pour ceux qui l'ont commise, mais rien ne doit nous empêcher non plus de nous souvenir que les États-Unis d'Amérique étaient à l'origine de cet état de guerre qui a abouti à cette catastrophe, et qui peut déboucher sur d'autres, aux conséquences dévastatrices.

Quant au mensonge supposé des plus hautes autorités de l'État, je dirai simplement et humblement : pour un pays que vous considérez comme non démocratique, avouer après quarante-huit heures sa responsabilité dans une telle catastrophe, en s'excusant, sans cacher la vérité, est du moins un acte responsable.

Est-il possible que les dirigeants de mon pays aient eu connaissance de la vérité plus tôt ?

Est-il possible que, dans la chaîne de commandement, la vérité ait tardé à monter au plus haut niveau du pays ?

Je ne suis pas en position de répondre à ces deux questions, mais rien n'aurait changé aux souffrances des familles de ces innocents si les dirigeants du pays avaient été en mesure de connaître la faute fatale et donc la reconnaître quelques heures plus tôt.

Quant au mécontentement du peuple, qui se cristallise aujourd'hui à travers cette catastrophe, je le comprends, même si l'origine de ce mécontentement est économique et liée aux sanctions injustes des États-Unis d'Amérique.

Le peuple a le droit de manifester, de s'exprimer, de montrer son mécontentement, tant qu'il ne cherche pas à déstabiliser l'ordre et la sécurité du pays.

La République islamique a le devoir d'autoriser les manifestations pacifiques, tant qu'elles restent dans le cadre des lois de la République.

Mais le pays ne peut et ne doit tolérer un mouvement qui serait l'émanation de la manipulation de l'ennemi extérieur : l'Arabie Saoudite.

Quant à votre allégation sur ce que la jeunesse iranienne veut ou ne veut pas, on ne peut juger la volonté d'un peuple ou de sa jeunesse sur la foi de quelques milliers ou même de quelques dizaines de milliers de manifestants sous le coup de l'émotion, qui fait jaillir au plus profond d'eux les séquelles de l'injustice de la situation économique du pays dues aux sanctions américaines.

Il faut savoir garder le sang-froid et ne pas analyser à longueur de journée la signification des manifestations ou des mécontentements des peuples, ni chez moi, ni d'ailleurs chez vous.

Quand je vous ai connu, vous étiez un opposant farouche au régime islamique en Iran, vous aviez même traité le président Ahmadinejad de nouvel Hitler, ce qui semblait excessif même si je n'avais aucune sympathie pour lui ; il avait beaucoup de défauts dont le moindre n'était pas son révisionnisme historique sur la Shoah. Or aujourd'hui vous êtes du côté du régime islamique. Pouvez-vous m'expliquer cette volte-face ?

Oui, j'ai combattu la réélection à tout le moins douteuse d'Ahmadinejad, pour deux raisons :

D'abord, le résultat de ces élections a été contesté massivement à l'époque par le peuple et beaucoup d'éléments faisaient apparaître clairement qu'il y avait de sa part une tricherie massive et sans précédent dans l'histoire de la République islamique. L'ayatollah Khamenei avait été, malgré lui, mis devant le fait accompli, même s'il n'avait pas d'autre choix que de valider la situation au bout d'une semaine, sous peine de déstabiliser les institutions du pays.

A-t-il fait une erreur ?

Probablement.

Aurait-il pu faire autrement dans sa position et dans le contexte de l'époque ?

Seul lui a la réponse.

Ensuite, et bien plus important, je considérais à l'époque, comme aujourd'hui, qu'il y avait un vrai risque pour l'Iran à se doter de la bombe atomique, parce que j'avais la certitude que si l'on s'approchait du seuil nucléaire, les Saoudiens obtiendraient, eux aussi, leur bombe atomique par les Américains. Je considérais, et c'est toujours le cas, que la bombe atomique entre les mains des Saoudiens est un risque existentiel pour notre pays.

Donc j'ai combattu de toutes mes forces, comme tout ce que je fais dans ma vie au moment où je le fais, la deuxième présidence d'Ahmadinejad.

La force de l'être humain est d'apprendre, se tromper, se reconstruire, comprendre et enfin s'adapter. Pendant cette période où je combattais Ahmadinejad, j'ai appris beaucoup de choses sur mon pays, sur le peuple, sur l'administration iranienne, sur la République islamique, sur les erreurs du passé, sur nos acquis, sur nos forces et sur nos faiblesses.

J'ai compris par exemple que ce peuple qui – après la réélection contestée d'Ahmadinejad – est descendu massivement dans les rues de la capitale et ailleurs, n'avait pas fait marche arrière de peur de mourir, mais parce qu'il avait la maturité de comprendre qu'il n'y avait aucune autre alternative valable et viable à laquelle il pouvait faire confiance.

Donc si le peuple a reculé, c'est parce qu'il a considéré que l'évolution de la République islamique ne peut venir que de l'intérieur. D'ailleurs, l'élection et la réélection du président Rohani ont validé ce raisonnement.

J'ai appris par ailleurs que la République islamique est puissamment ancrée dans le pays, traversé de profondes contradictions.

J'ai compris également que la République islamique est dotée d'une grande force à l'intérieur et à l'extérieur de ses frontières, et que tout changement brutal pourrait aboutir à l'anéantissement de notre pays, comme ce fut le cas à un moment donné en Syrie, en Libye et en Irak.

J'ai appris aussi qu'il y a, même si tout n'est pas parfait dans la République islamique et que beaucoup d'erreurs ont été commises, une évolution dans le pays. Il y a des ouvertures et surtout, il y a un acquis très important : notre force en Irak, en Syrie et au Liban jusqu'à la Méditerranée. Même si l'Occident ne peut encore concevoir l'avantage de cette situation, pour lui et pour le monde, pour des raisons que j'ai déjà expliquées.

Une réflexion approfondie basée sur mon expérience, mes relations, mes réseaux, m'a fait prendre conscience que tout combat qui aboutirait à la déstabilisation de l'administration centrale de mon pays, tout combat qui conduirait à un risque d'effondrement de la République, tout combat qui aurait pour conséquence le chaos ou la guerre civile, ne serait pas seulement irresponsable, mais criminel.

C'est dans ce contexte que j'ai décidé de faire en sorte que mon pays puisse évoluer vers un autre avenir et le premier pas, la première étape, était l'accord nucléaire qui a été signé en 2015.

J'avais fait tout ce qui était en mon pouvoir pour que cet accord aboutisse et j'avais mis, comme les dirigeants de mon pays, comme tous les Iraniens, beaucoup d'espoir dans cet accord.

J'avais l'espoir, sans avoir de certitude, que les Américains ne reviendraient pas dessus. J'avais l'espoir que l'effort qui a été fait par mon pays allait naturellement être récompensé.

Cet accord a été remis en cause par l'administration Trump et je dois avouer qu'en réalité, ce n'est pas une si mauvaise chose. Car cet accord, tel qu'il était conçu, était dépendant du bon vouloir des États-Unis d'Amérique et comportait des clauses qui empêchaient les entreprises européennes de travailler sereinement en Iran, car il existait à tout moment un risque de rupture de la part des Américains, ce qui est finalement arrivé.

L'Amérique, en rompant cet accord et en assassinant le général Soleimani, a rompu définitivement le statu quo éphémère qui existait.

À partir de là, il n'y a plus d'autre solution que de s'orienter vers un autre scénario, d'où sortira le pire ou le meilleur, pour tout le monde.

Étant par nature quelqu'un de très pessimiste à court terme et particulièrement optimiste à long terme, j'ai la conviction que, d'une manière ou d'une autre, sortira de cette situation le meilleur pour mon peuple, pour la région et pour le monde.

Nous allons reparler du nucléaire. Vous dites que l'Iran a eu raison de signer l'accord du 14 juillet 2015 à Vienne. Est-ce que vous pensez que depuis que les Américains l'ont dénoncé, l'Iran a raison de le démanteler petit à petit – ce que lui reprochent les Européens, qui le 14 janvier 2020 ont décidé d'enclencher une procédure de résiliation ?

En effet, mon pays a eu absolument raison de signer cet accord.

Le président Trump a peut-être tous les défauts du monde, mais contrairement à ce qu'on dit, il n'est ni imprévisible ni versatile.

Il avait dit pendant sa campagne qu'il allait « déchirer » l'accord signé par son prédécesseur et il l'a fait comme il l'avait annoncé.

Les États-Unis d'Amérique ont rompu de manière unilatérale l'accord de 2015, mais pour être honnête, avec un long préavis. En effet, entre son accession au pouvoir et son décret d'annulation de l'accord, il s'est écoulé beaucoup de temps : seize longs mois où tout le monde savait ce qui allait se passer tôt ou tard et personne n'a rien fait.

Beaucoup pensaient que le président américain bluffait et qu'il ne mettrait pas ses menaces à exécution. D'autres pensaient qu'il est facilement manipulable et que le moment venu, ils le feraient changer d'avis. Certains, même, comptaient sur sa destitution et enfin, les plus raisonnables comptaient et comptent toujours sur sa défaite aux élections présidentielles du mois de novembre 2020.

Quel gâchis que de se fonder sur tant de spéculations aléatoires concernant un enjeu dont dépend l'avenir de la paix ou de la guerre dans la région et donc la stabilité de la planète.

La réalité est bien plus simple : les États-Unis d'Amérique sont en position d'imposer, avec ou sans le président Trump, leur vision et leur volonté au reste du monde et ils le feront tant qu'il n'y aura pas une union sacrée entre l'Europe, la Chine et la Russie pour stopper l'hégémonie des décisions américaines sur le destin des autres. Ce qui est loin d'exister aujourd'hui.

Cet accord est caduc depuis mai 2018 et si l'Iran ne l'a pas déchiré, c'est parce qu'il avait l'espoir que l'Europe puisse trouver une échappatoire aux sanctions américaines, du moins une formule qui puisse permettre aux grands groupes européens d'investir en Iran, tout en se couvrant, par un mécanisme européen, contre les sanctions américaines – mécanisme qui n'a finalement jamais vu le jour.

Quant aux dirigeants de mon pays, ils ont gardé un accord qui, depuis mai 2018, n'apporte rien d'autre que des sanctions supplémentaires et donc une souffrance insupportable et intenable pour le peuple iranien.

Ont-ils eu raison de garder en vie cérébrale un accord dont l'acte de décès a été signé par les États-Unis d'Amérique le 8 mai 2018 ?

Auraient-ils dû le rompre après la sortie de l'Amérique ?

J'ai la conviction profonde que mon pays a eu, malgré les apparences, raison de résister et de ne pas sortir de cet accord ; donner du temps au temps, faire le dos rond et attendre l'alignement des planètes.

Mais l'assassinat du général Soleimani a bouleversé l'équilibre fragile du statu quo qui régnait dans la région :

Un accord nucléaire définitivement caduc.

Un Iran puissance protectrice des chiites de la région jusqu'au bord de la Méditerranée.

Un peuple iranien soufrant dans sa chair des sanctions américaines.

Et enfin, ce même Iran qui est en capacité, s'il le décide, d'être en quelques mois au seuil de l'arme nucléaire.

Et vous me demandez si mon pays « a raison de le démanteler petit à petit » ?

Vous n'êtes pas sérieux.

L'Amérique raye d'un trait l'accord et vous me demandez si je suis d'accord que mon pays le raye par tout petits bouts ?

C'est une blague !

J'ai dit et redit que je ne veux pas d'arme nucléaire pour mon pays, non parce que nous sommes moins responsables que l'Inde ou le Pakistan, mais parce que je ne veux pas la réciprocité au profit des Saoudiens.

Le statu quo étant brisé, si on ne trouve pas une solution acceptable et honorable pour mon pays, mais aussi pour les États-Unis d'Amérique, je ne vois pas comment on pourrait éviter l'escalade qui emmènerait mon pays au seuil de l'arme nucléaire.

Ce que je déplorerais, mais comprendrais avec beaucoup d'anxiété.

Si la défense de l'Iran doit exclure tout recours au nucléaire, sur quoi doit-elle aujourd'hui reposer ?

Le fondement de la doctrine de la défense de mon pays doit être – et c'est le cas aujourd'hui – de ne plus jamais et en aucun cas accepter que des forces ennemies ou hostiles s'installent à nos frontières directes. C'est ce que nous avons fait en Irak et en Syrie, pour protéger notre peuple et les peuples chiites contre l'installation des forces sunnites intégristes et c'est ce que nous ferons chaque fois que cela sera nécessaire.

Notre présence en Irak, en Syrie et au Liban répond à cette exigence dans l'intérêt de notre peule mais aussi des peuples de ces pays. Et c'est dans ce cadre que nous devrons nous orienter vers la construction de l'Union économique et politique de l'Iran, l'Irak, la Syrie et le Liban, « UIISL ».

Quant aux autres pays de la région, seule l'Arabie Saoudite représente un danger existentiel pour nous.

L'Iran ne doit pas se doter de la bombe atomique et mon pays peut prendre un engagement suffisamment long (quasi définitif) pour que les États-Unis d'Amérique, et les autres pays préoccupés par ce sujet, soient définitivement et pour toujours rassurés en la matière.

La contrepartie de cet engagement de la part de mon pays doit être :

La levée immédiate et sans conditions de l'ensemble des sanctions américaines. L'acceptation par les puissances occidentales du processus de création de l'« UIISL » dans leur propre intérêt.

Enfin, naturellement, le rétablissement des relations diplomatiques entre les États-Unis d'Amérique et mon pays dans l'intérêt des deux peuples.

Quelles sont les conditions, selon vous, qui pourraient assurer au golfe Persique et au Moyen-Orient en général, la paix et la stabilité dans les trente prochaines années ?

Il faut que la perception des États-Unis d'Amérique à l'égard de la puissance iranienne dans la région soit modifiée.

Il faut que les États-Unis d'Amérique comprennent que ce qu'ils considéraient, pendant longtemps, comme une puissance destructrice, est aujourd'hui en capacité de devenir une puissance constructrice pour la région et pour la stabilité du monde.

Il faut que les États-Unis d'Amérique comprennent que nous avons un ennemi commun. C'est l'islamisme sunnite. Il est terroriste, impérialiste et hégémonique, tentaculaire. Partout où les sunnites sont installés, il représente une menace. Et ce sur les cinq continents.

Il faut que les États-Unis d'Amérique comprennent que mon pays est le seul en capacité de combattre pour éradiquer cette force maléfique de la surface de la planète, dans l'intérêt du monde chiite, des Occidentaux mais surtout des sunnites eux-mêmes.

Il faut que les États-Unis d'Amérique comprennent que l'Iran a changé, que mon pays n'est pas l'Iran du 4 novembre 1979 (prise d'otages à l'ambassade américaine à Téhéran) et nous avons montré cette réalité tout au long des négociations qui ont abouti à l'accord nucléaire de 2015.

Il faut que les États-Unis d'Amérique comprennent la réalité et le pourquoi de la puissance iranienne. Elle est fondée sur deux piliers : l'histoire de la Perse et le chiisme, religion minoritaire dans le monde musulman.

De la même façon, mon pays peut et doit accepter la puissance américaine, même si nous savons que nous ne serons jamais d'accord sur tout.

Dans ces conditions, nous pourrons nous concentrer sur la convergence de nos intérêts communs, dans l'intérêt des peuples de ces régions, pour bâtir les contours d'un nouveau Moyen-Orient pacifié et prospère.

Mais si, par malheur, la cupidité – après que le statu quo qui régnait dans la région a été rompu par les États-Unis d'Amérique – oriente nos efforts sur les frictions passées, plutôt que sur nos convergences futures, alors cette région – qui est une poudrière en attente de l'explosion – ira droit vers une implosion aux conséquences planétaires.

Comment envisagez-vous le partenariat de votre pays avec l'Europe ?

J'ai vécu quarante ans de ma vie dans cette Europe qui m'a intellectuellement construit, qui m'a laissé m'épanouir dans mes affaires et dans mes réflexions, qui m'a permis de construire mes relations, mes réseaux et mes amitiés.

Je me sens naturellement en confiance avec elle, ses dirigeants et ses grands groupes, dont beaucoup sont parmi les leaders mondiaux dans leur activité.

Cette Europe qui n'est pas hégémonique dans sa démarche avec ses partenaires, contrairement aux États-Unis d'Amérique, mais qui est fragile dans sa construction.

Cette Europe qui a sa propre monnaie, aujourd'hui la deuxième devise la plus utilisée au monde, mais qui souffre de l'absence d'un leader.

Cette Europe qui doit se transformer pour prendre sa forme définitive, peut-être un jour les « États-Unis d'Europe », pour pouvoir exister entre, d'un côté, la puissance omniprésente et hégémonique des États-Unis d'Amérique et de l'autre, la progression irrésistible, dans tous les domaines, de la Chine.

Donc je veux que l'avenir de mon pays et de cette future union « UIISL » se construise à travers un partenariat solide et durable avec l'Europe et en particulier la France.

Il faut comprendre l'enjeu majeur que représente pour l'Europe ce partenariat.

Comme je l'ai déjà expliqué, cette future union représente un marché de 150 millions d'habitants, dont 40 % appartient à deux pays potentiellement riches mais complètement dévastés par la guerre et où tout est à reconstruire : l'Irak et la Syrie. 55 % à un pays qui a subi des sanctions technologiques, industrielles, financières et autres – sans discontinuité – depuis quarante ans et qui, dans la perspective d'une reconstruction économique, serait potentiellement le plus grand chantier d'investissement du monde : l'Iran.

Et le reste à un pays rongé par les séquelles d'une vieille guerre civile dont le souvenir hante encore la population et où tout reste à faire pour qu'il retrouve son lustre : le Liban.

Dans un monde où l'argent coule à flots, constamment à la recherche de débouchés pour être déployé ; dans un monde où les entreprises sont sous pression constante de leurs actionnaires, pour justifier l'investissement de leurs fonds disponibles dans de nouvelles acquisitions ou de nouveaux débouchés, sous peine d'être obligées de leur rendre ; dans un monde où les États-Unis d'Amérique, la Chine et l'Europe sont en compétition permanente mais avec des armes inégales et donc toujours au profit des deux premiers.

Dans ce monde, le partenariat privilégié que je veux avec l'Europe et en particulier avec la France, pour cette reconstruction qui durera dix ans à plein régime et qui nécessitera plusieurs trillions d'euros d'investissement – pas loin du PIB de la France et de l'Allemagne réunis –, sera à lui seul le moteur de croissance – aujourd'hui en panne – de l'Europe et en particulier de la France.

Ce partenariat, en moins d'une décennie, mettra l'Europe sur le chemin du plein emploi, car tout est à construire dans ces quatre pays, les infrastructures (routes, chemins de fer, aéroports, eau, électricité…), l'industrie lourde, l'industrie de base, les secteurs de technologie, le secteur financier, l'assurance, le tourisme, l'agriculture…

Vous imaginez ce que cela représente pour des grands groupes français ?

Je prends un seul exemple, le groupe Vinci, leader mondial des infrastructures et des concessions. Vous imaginez le nombre d'aéroports et d'autoroutes qu'il y aura à construire et à gérer dans ces quatre pays pour les dix années à venir ?

Vinci, déjà numéro un mondial, doublera de taille en quelques années.

Il en va de même pour les autres groupes européens.

L'Europe a passé beaucoup de temps à essayer de sauver l'accord nucléaire de 2015 et elle a lamentablement échoué. La France, pour laquelle j'ai beaucoup de respect, a aussi échoué dans ses tentatives de médiation.

Est-ce que l'Europe et à sa tête la France, qui a été constamment en première ligne pour sauver cet accord, auraient pu faire autrement ?

Auraient-elles pu trouver une solution pour passer outre le diktat des Américains et donc des effets néfastes de leurs sanctions, pour permettre à leurs entreprises d'investir dans mon pays ?

Je prendrai un seul exemple de ce qui était possible de faire pour contourner les sanctions américaines. Les statuts de la Banque centrale européenne, ainsi que ceux des banques centrales de chaque pays membre de l'Union européenne, permettent de prêter directement aux entreprises européennes. À une époque où les grandes banques européennes – avant même l'arrivée du président Trump – refusaient de financer les entreprises pour investir dans mon pays ou même de transférer leurs propres liquidités pour investir, il était parfaitement envisageable pour la BCE de prêter en dernier ressort, directement aux groupes européens désireux d'investir en Iran et ainsi inonder le marché d'investissement iranien en euros.

L'effet psychologique de cet acte de résistance européenne face aux États-Unis d'Amérique aurait été tel, que, peut-être, le président Trump n'aurait pas osé déchirer l'accord.

On ne peut réécrire le passé, mais on peut écrire le futur.

Si l'Europe comprend l'importance stratégique de l'Iran et de cette future union « UIISL » pour sa sécurité et pour son développent économique, alors elle pourra construire les fondations qui porteront la collaboration future avec mon pays, aboutissant à ce grand partenariat.

Mais en invitant l'Iran à la désescalade avec les États-Unis d'Amérique, alors que ce dernier pays avait froidement assassiné le numéro deux du premier pays, l'Europe n'a pas pris le chemin de l'audace dans son indépendance.

L'Europe ne peut jouer un rôle majeur que si elle a le courage de s'émanciper des décisions américaines, non seulement derrière des portes capitonnées, mais officiellement et publiquement, en proposant et en assumant des solutions alternatives face au comportement américain.

L'Europe et la France en tête doivent oser, doivent chercher à nous comprendre, nous faire confiance, comme nous serons obligés de faire avec elles, et surtout ne pas nous imposer une vision calquée sur celle des Américains.

C'est ainsi que nous allons bâtir les relations de confiance qui aboutiront à ce grand partenariat.

Vous avez plaidé en faveur d'un rapprochement très étroit entre l'Iran et l'Europe, pour donner de très grands marchés à l'Europe. Mais celle-ci est très amie d'un pays du Moyen-Orient qui s'appelle Israël, que la République islamique d'Iran a voué à être rayé de la carte. Naguère, j'ai écrit que l'antagonisme entre les Perses et les juifs était un faux antagonisme. Qu'en pensez-vous ? Est-ce que vous estimez qu'un jour, les Iraniens pourront travailler avec la puissance la plus développée de tout le Moyen-Orient, qui est Israël ?

Êtes-vous allé dans les camps d'extermination de l'Allemagne nazie ?

Non, mais je connais bien l'histoire de la Shoah. Mon grand-père, le Dr Louis Girard, résistant, a été déporté à Dora.

Je suis allé il y a quinze ans à Auschwitz, l'un des camps nazis d'extermination systématique du peuple juif.

Près de six millions de juifs, soit les deux tiers des juifs d'Europe et près de 40 % du peuple juif ont été exterminés par les nazis en moins de cinq ans.

Jamais l'histoire de l'humanité n'avait connu une horreur et une barbarie pareilles.

Je suis resté des heures dans ces lieux ; c'était le printemps et il faisait très beau, mais une angoisse profonde me rendait le ciel gris et l'atmosphère glaciale.

Je n'ai aucune idée du temps que j'ai passé à visiter, méditer, me poser des questions dans ce lieu lourd de responsabilité pour la race humaine.

Je suis resté très longtemps à voir les baraquements un par un, les restes des chambres à gaz, toute l'horreur de la période la plus noire de l'histoire de l'humanité.

J'ai pris conscience, au cours de ces longues heures que j'ai passées à Auschwitz, que ce qui est arrivé au peuple juif aurait pu arriver à n'importe quel peuple, et peut encore arriver à n'importe quel moment.

Ce qui m'a bouleversé le plus ce n'était ni les baraquements, ni la souffrance qu'on pouvait imaginer, ni même les chambres à gaz, mais cet espace vitré à l'entrée de l'un des baraquements où étaient exposées les affaires des juifs déportés dans ce camp.

On voyait pêle-mêle des valises, parfois ouvertes et à moitié remplies, des vêtements, des chaussures, des serviettes, des jouets, des poupées… tout ce que vous et moi et notre famille mettons dans nos valises quand nous voulons déménager ou partir pour un long voyage.

C'est à cet instant que j'ai compris que ce peuple, qui partait au camp de la mort, ne savait pas ce qui l'attendait. Ils savaient que par étapes successives ils allaient vers le pire mais ils n'imaginaient pas que le pire était l'extermination de leur peuple par les nazis.

Je regardais cet espace vitré – que je ne pourrai jamais effacer de ma mémoire – en imaginant les affaires et l'image de mon fils et de mes proches. Je m'imaginais avec ma famille faisant nos bagages – comme quand j'ai quitté mon pays il y a quarante ans – allant vers le pire mais dans l'espoir de rester ensemble et unis, car dans ces moments c'est la seule chose à laquelle on peut se raccrocher.

Jamais dans ma vie je ne me suis senti aussi mal, aussi affecté et aussi impuissant.

Les États-Unis d'Amérique avaient la possibilité d'aller bombarder Auschwitz et d'autres camps, ce que Churchill souhaitait, mais ils ne l'ont pas fait et six millions de juifs ont été exterminés.

Donc oui, j'ai une grande affection pour le peuple juif et des amitiés très profondes avec de nombreux juifs.

Au cours de ces différentes séances de questions-réponses je vous ai dit avec constance que l'Iran a un seul ennemi, l'Arabie Saoudite. Je vous ai dit avec constance que depuis quarante ans, nous avons subi l'humiliation du monde et que cette humiliation a été orchestrée, dirigée et manipulée par les dirigeants saoudiens.

Je vous ai dit avec constance que l'Arabie Saoudite représente pour mon pays un risque existentiel, et que si d'aventure les dirigeants de mon pays sous-estiment le danger saoudien, l'Iran et le chiisme risquent le pire.

Nous ne devons pas nous détourner de ceux qui ont été à l'origine de l'humiliation du peuple iranien, nous ne devons pas diluer le rôle ou la responsabilité des Saoudiens dans cette humiliation.

Aucun pays au monde ne peut avoir deux ennemis majeurs.

Quant aux autres ennemis potentiels de l'Iran, dont l'Amérique, pouvons-nous nous payer le luxe de ne jamais avoir de relations avec les États-Unis d'Amérique ?

Vous dites souvent que l'Iran n'est pas le problème de l'Occident mais la clé des problèmes de l'Occident. Pouvez-vous développer votre vision ?

À l'origine, l'Occident avait et peut-être à juste titre un regard méfiant sur l'Iran postrévolutionnaire de 1979. Un Iran qui devait, pour exister, comme toute grande révolution, exporter sa révolution à l'extérieur de ses frontières.

L'Iran d'aujourd'hui n'est pas le même qu'il y a quarante ans. Il n'est même pas celui d'il y a dix ans.

L'Iran aujourd'hui ne cherche qu'à protéger le peuple iranien, les peuples chiites de la région et le résidu du peuple chiite dans le reste du monde. C'est la clé de la compréhension pour l'Occident, s'il veut changer de regard sur l'Iran.

Il suffit que l'Occident regarde les événements, les analyse, pour prendre acte de la réalité du terrorisme sunnite qui tue des innocents occidentaux depuis vingt ans et qui s'est fixé comme objectif de l'anéantir.

Chaque fois qu'un Européen ou un Américain innocent est tué dans un attentat terroriste, chaque fois qu'un être humain innocent est tué dans un acte terroriste islamiste, aux quatre coins du monde et sur les cinq continents, c'est un acte islamiste sunnite, chaque fois sans exception.

Ça, c'est la réalité.

À partir du moment où des innocents sont tués régulièrement par des islamistes sunnites, votre ennemi est l'islamisme sunnite. C'est d'une logique et d'une simplicité implacables que même un enfant de trois ans peut comprendre.

L'Iran ne cherche pas à déstabiliser le monde occidental, l'Iran ne cherche pas à exporter sa révolution en Europe, l'Iran ne cherche pas à imposer sa vision aux musulmans qui vivent en France, en Allemagne, en Angleterre…

Il faut simplement prendre acte de cette réalité, l'Iran n'est pas l'ennemi de l'Occident.

Pour autant, l'Iran n'est pas un petit pays sans ambition et sans responsabilité historique dans la région. Nous sommes un grand pays et un grand peuple et nous partageons avec l'Occident le même ennemi : l'islamisme sunnite et terroriste.

Quel que soit le rôle que l'on peut attribuer aux Kurdes et aux armées occidentales, sans la puissance iranienne et la bravoure du général Soleimani, Daesh n'aurait jamais été affaibli au point d'être quasiment balayé d'Irak et de Syrie, même si je sais que ses métastases vont réapparaître là-bas ou ailleurs, sous sa forme actuelle ou sous une autre forme, car l'islamisme sunnite est un mouvement mutant que seul l'Iran a les outils pour combattre.

Pour vaincre les islamistes sunnites, il faut être prêt à tous les sacrifices, y compris la vie de nos combattants.

L'Occident est-il prêt à envoyer ses soldats se sacrifier par milliers pour venir à bout de l'islamisme sunnite ?

Bien sûr que non, mais les chiites savent le faire et l'Iran peut en venir à bout comme il l'a fait en Irak et en Syrie.

Ce sera un long combat mais nous y parviendrons.

L'Arabie Saoudite contrôle les deux principaux lieux saints de l'islam qui sont La Mecque et Médine. Considérez-vous que cette situation peut perdurer ?

Comme vous le savez, l'Arabie Saoudite sous sa forme actuelle, et avec ses dirigeants actuels, représente une menace existentielle pour l'Iran et donc, d'une manière ou d'une autre, le statu quo de ces territoires musulmans – peuplés de sunnites et de chiites – qui ont pris l'apparence d'un pays sans être une nation, doit être revu et corrigé.

Je me suis déjà exprimé sur la partition souhaitable de ce territoire et le rôle de l'Égypte dans l'intérêt de l'ensemble des peuples sunnites de cette région et sur la nécessaire mutualisation des richesses de ce territoire au profit du plus grand nombre, dans une région rongée par la corruption, la misère et l'injustice.

Il est naturel que, dans le cadre de cette partition, la question des lieux saints de l'islam soit posée.

Aujourd'hui, les dirigeants de l'Arabie Saoudite gèrent ces lieux saints à leur guise, comme leur propriété privée

– comme tout le reste des actifs et des ressources de ce territoire, comme si le pays leur appartenait –, interdisant l'accès des lieux saints aux chiites iraniens quand bon leur semble.

Ils font de la rétention de visas et interdisent l'accès de ces lieux aux pèlerins iraniens, un moyen supplémentaire à leur disposition pour humilier l'Iran et le peuple iranien.

C'est injuste, insupportable et intenable.

La Mecque et Médine appartiennent à tous les musulmans et leur accès doit être garanti à tous.

Si, dans l'avenir, les territoires sunnites de l'Arabie Saoudite sont dirigés par des personnes ou des structures dignes de confiance, alors la question des lieux saints de l'islam dirigés par une entité sunnite ne se posera pas.

Vous appelez de vos vœux la création d'un marché commun entre l'Iran, l'Irak, la Syrie et le Liban. Comment fonctionnerait ce marché commun, quelle serait la capitale ?

Cette union économique et politique doit être une entité puissante et elle devra avoir une capitale administrative. Par ailleurs, il est évident que l'ensemble de ces quatre pays faisant partie de cette union économique et politique doit avoir sa propre monnaie.

Vous me posez une question difficile concernant la capitale économique et administrative de cette future union, car ce n'est pas à moi de dire où sera cette capitale.

Mais si d'aventure j'avais un rôle à jouer et si c'était à moi de suggérer un lieu, je choisirais très probablement le plus petit pays de cette union. Un pays qui serait le symbole de la primauté administrative et économique de l'union sur les pays membres et le plus près de l'Europe – partenaire privilégié de cette future union –, donc le plus proche de la Méditerranée. Certainement quelque part sur les rives de cette mer partagée avec l'Europe.

Donc, quelque part au Liban.

Quant à son fonctionnement, il s'affranchira des deux obstacles majeurs de l'Union européenne :

L'absence de leadership, et les blocages pour les grandes décisions dus aux caprices des pays, quelle que soit leur taille.

Pour le reste, le fonctionnement de l'« UIISL » serait très semblable à celui de l'Union européenne.

Comment voyez-vous à l'avenir les relations de l'Iran avec les États-Unis ?

L'Iran n'a pas d'autre ennemi structurel, menaçant son existence, que l'Arabie Saoudite.

Donc nous ne pouvons pas construire les fondations de cette union, ou même le développement de notre propre pays, sans trouver un terrain d'entente avec les États-Unis.

Pour autant, si vous me demandez s'il serait facile de faire confiance aux Américains, je vous répondrais, certainement pas, en ajoutant que la réciproque doit être aussi vraie pour eux.

Mais si vous me demandez si nous avons d'autres solutions que de régler nos passifs, je vous répondrai, dans l'intérêt de notre peuple et de la République islamique d'Iran, mais aussi des États-Unis d'Amérique eux-mêmes, que non, il n'y a pas d'autre solution.

Donc, nous devrons trouver un *modus vivendi* avec les États-Unis d'Amérique. Mais les Américains doivent savoir que la menace et le chantage ne marcheront jamais avec l'Iran et le peuple iranien.

Ces méthodes n'apporteraient rien d'autre que la destruction et des morts.

Par ailleurs, je sais que nos deux pays ne sont pas en mesure d'avoir un dialogue officiel et public pour trouver une solution à nos différends ; je vous laisse, alors, deviner comment il serait possible, dans ces conditions, de prendre le chemin qui aboutirait très vite à ce *modus vivendi*, dans l'intérêt de tout le monde.

Donc nous réglerons nos problèmes avec eux d'une manière ou d'une autre ; ce sera par l'intelligence collective des dirigeants de nos deux pays, ou par leur force destructrice.

Les Américains, précisément le président Trump, ont dit qu'il fallait que vous laissiez vos intellectuels et votre jeunesse s'exprimer librement ; ils vous reprochent l'absence de liberté de pensée, d'expression et de conscience en Iran. Est-ce que vous ne pensez pas qu'avoir des intellectuels libres de s'exprimer comme ils veulent est une condition indispensable pour construire un pays moderne ?

Je vous remercie Monsieur Girard de cette question, qui me permet une fois pour toutes de traiter ce sujet, celui de la liberté d'expression dans mon pays, les allégations américaines et donc leur ingérence dans ce domaine.

Savez-vous à quelle époque les États-Unis d'Amérique – « le pays de la liberté, l'exemple et le porte-drapeau des droits de l'homme, la puissance qui veut imposer la liberté partout dans le monde » – ont pratiqué le maccarthisme : l'interdiction de toute pensée communiste, l'interdiction à tout un pan de la société – ses intellectuels, ses artistes, ses figures éminentes du cinéma et des médias – du droit de s'exprimer, parfois même d'exister, comme Charlie Chaplin qui a été obligé d'émigrer en Suisse ; je ne parle même pas des interrogatoires, pertes d'emploi, exclusion de toute vie sociale et j'en passe… ?

Dans les années 50.

Savez-vous combien de temps a duré tout cela ?

Une dizaine d'années à peu près.

Pouvez-vous me dire, dans ce « grand pays démocratique », les États-Unis d'Amérique, combien de temps une partie non négligeable de sa population, au prétexte de la couleur de sa peau, a été privée de tout droit civique et exclue de tout ?

Il faut attendre l'adoption de la « loi sur les droits civiques » signée par Lyndon Johnson en juillet 1964 pour que la ségrégation des noirs soit interdite dans les lieux publics.

Tout au long de cette période – où la pensée communiste était interdite, où ses sympathisants étaient écartés de tout droit civique, où la population noire était traitée comme une race inférieure et soumise à la suprématie de la race blanche –, l'Amérique s'est-elle empêchée d'imposer sa suprématie et sa vision « hégémonique de sa démocratie » au reste du monde, en fomentant des coups d'État un peu partout dans le monde, alors que chez eux des pans entiers de la populations étaient exclus de tout ?

Oui, c'était dans les années 50, une époque où l'Amérique n'avait pas hésité à renverser le Premier ministre nationaliste Mossadegh en Iran…

Donc, Monsieur Renaud Girard, je n'aime pas quand les Américains se mêlent des affaires des autres.

Je n'aime pas quand ils cherchent à imposer leurs vues aux autres.

Je n'aime pas quand un superpuissant décide du bien et du mal pour les autres, de la vie et de la mort pour les autres.

Je n'aime pas quand il se substitue à l'intelligence des peuples.

Je n'aime pas la manière dont ils ont fomenté un coup d'État pour renverser, évincer et emprisonner le Premier ministre Mossadegh.

Je ne supporte pas que ce pays s'arroge le droit de changer le cours de l'Histoire et la vie des peuples, cela me rend mal à l'aise et me révolte.

Quant à votre question, « ils vous reprochent… », ils ne le reprochent certainement pas à moi, car je n'ai pas le droit – encore aujourd'hui, au moment où je vous parle – de mettre les pieds sur le sol de mon pays.

Mais pour répondre sans détour à votre question sur la liberté de penser et de conscience, j'aimerais vous dire que l'exclusion par les Américains de leurs citoyens sympathisants communistes et surtout de toute leur population noire, de toute liberté d'expression, de pensée et de conscience n'a pas pesé lourd sur la conscience de « l'Amérique démocratique », ni n'a empêché le pays de devenir une superpuissance économique, politique et militaire.

La liberté d'expression, de pensée et de conscience est un droit inaliénable de tout peuple, mais ce n'est pas au président américain, ou à quelques Américains d'origine iranienne installés chez lui et payés par les institutions de son pays, de nous donner des conseils ou de nous reprocher notre gouvernance, comme nous ne devrons pas le faire chez lui.

La liberté d'expression est un droit fondamental de tous les peuples et pour tous les pays, tant qu'elle ne met pas en cause l'ordre établi.

Les gilets jaunes n'ont pas le droit de renverser la République ou de décapiter le président français (comme certaines pancartes le suggéraient) et les Américains mécontents du président Trump n'ont pas le droit de renverser les institutions américaines ou de le renverser, sauf par une destitution éventuelle, votée par le Congrès américain.

Donc, la liberté d'expression ne peut devenir l'émanation de puissances ennemies, en l'occurrence chez moi, celle de l'Arabie Saoudite, pour manipuler le cours des événements, comme cela a été fait par les États-Unis d'Amérique, comme vous le rappelez si bien, en 1953 en renversant le Premier ministre Mossadegh.

Certes, les intellectuels essayent d'avoir un rôle prépondérant dans les événements majeurs du monde et ce que je vais dire va peut-être mécontenter beaucoup d'intellectuels, y compris des amis proches, mais je dois le dire.

C'est quoi un intellectuel ?

C'est quelqu'un qui pense, qui pense beaucoup, qui essaye de penser de son mieux, mais qui dans la majorité des cas – j'ai bien dit la majorité des cas, car je sais que certains d'entre eux prennent des risques et parfois au péril de leur vie – pense derrière son bureau, prend peu de risques ou pas du tout, et quand il se trompe, il ne paie pas de sa vie ni de sa poche. C'est toujours les autres qui paient l'erreur de leur pensée ou de leur jugement.

Le peuple a besoin de penseurs mais il a surtout besoin de leaders qui agissent et prennent des risques car ils sont comptables de leurs actes devant le peuple auquel ils montrent le chemin.

La jeunesse doit être l'émanation d'un grand rêve collectif, de l'audace d'y croire et de la prise de risque pour le réaliser, sans quoi les nations meurent lentement mais sûrement. Mais le rêve, l'audace et le risque doivent être toujours accompagnés de cette question fondamentale : l'irréversibilité du risque pris, comparée aux dividendes hypothétiques de ce risque.

Nous sommes une grande nation et nous avons le temps long pour réaliser nos projets et nos rêves. Méfions-nous des raccourcis qui nous mènent à un cul-de-sac, prenons le temps d'emprunter des chemins longs qui nous ramèneront vers la réalisation de nos rêves.

L'objectif premier d'un peuple est le « mieux-vivre », de vivre en adéquation avec les capacités de son pays, d'avoir la meilleure production de richesses pour le pays et les meilleurs outils de redistribution de cette richesse, de la manière la plus équitable, pour l'ensemble de la population.

Dans cette quête, le premier ennemi du peuple est la corruption, suivie par l'incompétence de ses responsables et enfin la bureaucratie, qui empêchent les forces vives du pays de se libérer, prendre des risques et produire de la richesse.

Ma préoccupation pour mon pays est de libérer tout le potentiel de création de richesses ; c'est cela qui permettra de réaliser « le rêve iranien », car nous avons les ressources, l'intelligence, la jeunesse et l'espace nécessaires.

Quant aux intellectuels étrangers d'origine iranienne qui s'expriment de l'extérieur du pays, peu m'importe ce qu'ils pensent ou ce qu'ils disent.

La liberté d'expression des intellectuels iraniens est évidemment garantie dans la diaspora occidentale. Il y a une diaspora iranienne très importante aux États-Unis d'Amérique ; quel rôle les voyez-vous jouer dans l'avenir ?

Comme je vous ai déjà expliqué, il y a deux sortes d'Iraniens : les Iraniens de l'intérieur et les Iraniens de l'extérieur.

Les Iraniens de l'intérieur forment la nation iranienne, avec leur lot de souffrance, d'humiliation, de sacrifices et de martyrs. Les ressortissants américains d'origine iranienne ont certainement le souvenir de leur pays, l'amour de leur pays, la culture et l'histoire de leur pays, mais pas sa souffrance et son humiliation.

On fait partie d'une nation quand on a en commun l'histoire, la culture, mais aussi les souffrances, les humiliations, les sacrifices et les martyrs de la nation.

L'essentiel de ces Iraniens de l'extérieur et surtout ceux des États-Unis d'Amérique ont quitté leur pays il y a quarante ans, beaucoup font partie aujourd'hui de la deuxième ou troisième génération de cette diaspora. La majorité des Iraniens de cette diaspora n'ont jamais mis ou remis les pieds en Iran.

Ce sont nos « Russes blancs » à nous.

C'est vrai que parmi les membres de cette diaspora, nous avons des Iraniens de talent, très valables et très attachés à leur pays d'origine.

Des Iraniens qui n'ont jamais participé aux manipulations des forces extérieures contre le pays. Ils ont enseigné la langue et la culture de leur pays d'origine à leurs enfants et vivent encore dans cette culture.

Ces Iraniens, comme me l'avait suggéré le Dr Amini, ont bâti leur vie, leur réussite, ils ont prouvé avoir la capacité de partir de rien pour devenir quelqu'un.

Ce sont aujourd'hui des milliardaires, des très grands patrons, des très grands savants, des très grands scientifiques, des très grands chirurgiens…

Je sais que, le moment venu, ces Iraniens – devenus aussi américains, anglais, allemands… –, quand les circonstances leur permettront d'être utiles à leur pays d'origine, sans trahir leur pays d'accueil, feront acte de présence par leur valeur ajoutée et par tout ce qu'ils ont construit durant toutes ces années.

Ces Iraniens sont, par leur réussite, la fierté de notre peuple. Ils seront toujours les bienvenus, sous la forme qu'ils choisiront.

Je dissocie évidemment ces Iraniens de ceux qui, dès le premier jour, la première heure, la première minute de la révolution, ont cherché à combattre la volonté du peuple.

Des Iraniens qui vivent sous la perfusion des financements extérieurs et quasi exclusivement de notre ennemi saoudien, pour fomenter le chaos, la guerre civile, coûte que coûte, pour trouver peut-être un jour un petit bout du pouvoir.

Ce sont, au mieux, nos « Chalabi » à nous (Irakien corrompu et détestable de Londres, à l'origine de fausses informations sur les armes de destruction massive en Irak, qui ont permis aux États-Unis d'Amérique de justifier l'invasion de l'Irak et donc de l'installer à la tête du Congrès national irakien et un temps vice-Premier ministre).

Ce sont des Iraniens remplis de haine et de volonté de vengeance, qui vendraient père et mère pour un poste et ses avantages.

Il y a enfin les intellectuels d'origine iranienne qui ont quitté leur pays depuis une vingtaine d'années par vagues successives.

Il y a parmi eux des cinéastes, des acteurs, des artistes, des écrivains, des journalistes…

Ils ont tous l'amour de leur pays et naturellement, comme tout intellectuel, ils se sont fixé comme objectif principal pour le peuple la quête de la liberté.

Je ne suis pas d'accord avec eux, car le rêve du peuple n'est pas la quête de la liberté mais celle du droit au « mieux-vivre ».

Cette quête de la liberté – chère aux intellectuels – est l'objectif de ceux qui ont déjà tout le reste, donc pas le peuple.

Mais ce que je leur reproche n'est pas notre différence d'appréciation sur la quête du peuple, mais leur manque d'imagination et d'audace pour établir une nouvelle pensée pour l'avenir du peuple iranien.

À ce jour ils ont échoué, car leurs pensées et leurs actes ne sont plus intellectuels, mais politiques et partisans.

Il n'est jamais trop tard pour ces intellectuels pour imaginer, proposer, ou même accompagner une pensée novatrice. Mais pour cela il faut « de l'audace, encore de l'audace et toujours de l'audace ».

L'Iran et la Russie ont été, au XIXe siècle et dans la première moitié du XXe siècle, des rivaux stratégiques. Aujourd'hui, ces deux pays s'entendent mieux ; est-ce que vous pensez qu'un partenariat est possible entre la Russie et l'Iran, et quel type de partenariat ?

L'entêtement des Américains et des Européens sur la méthode et les partenaires pour combattre Daesh en Syrie a permis à la Russie et à l'Iran, pour la première fois de leur histoire récente, d'avoir une collaboration très étroite.

Mon pays a décidé de combattre Daesh en Syrie et en Irak quand il a jugé que ce dernier et d'autres mouvements extrémistes sunnites (soutenus par les Saoudiens à l'époque) allaient transformer la Syrie en un champ de ruines et s'installer durablement à nos frontières directes.

À l'époque, mon pays avait face à lui un mur d'incompréhension, car l'Occident ne comprenait pas pourquoi il fallait sauver Assad pour combattre Daesh et en même temps refusait la main tendue par le président Poutine dans ce combat.

L'Iran s'est lancé dans le combat contre Daesh seul, en prenant tous les risques, les plus importants, peut-être les plus décisifs, et il a fait tout ce qui était dans son pouvoir pour affaiblir Daesh.

Comme vous le savez, à cause des sanctions ininterrompues que l'Iran subit depuis 1979, mon pays ne dispose pas d'une aviation capable de nous défendre et c'est d'ailleurs pour cette raison que l'Iran s'est doté de missiles, pour compenser l'absence d'une aviation militaire moderne et sophistiquée.

C'est dans ce contexte que le général Soleimani s'est rendu personnellement en Russie pour rencontrer le président Poutine, lui demandant l'aide de l'aviation russe quand il a eu besoin d'une couverture aérienne, devenue indispensable pour gagner le combat contre Daesh et donc l'anéantir.

C'est ainsi que la Russie est entrée par la grande porte dans le combat contre Daesh, dont les Occidentaux lui refusaient l'accès.

Le peuple russe partage le même patriotisme que le peuple iranien et la même volonté d'indépendance vis-à-vis des États-Unis d'Amérique.

Par ailleurs, les Russes ont le même problème avec l'extrémisme sunnite terroriste chez eux que nous, dans la région.

Donc, notre vision géopolitique est suffisamment convergente dans la région pour que cette collaboration, aujourd'hui limitée à la Syrie, puisse se transformer, à terme, en un vrai partenariat dans les domaines militaire, économique et énergétique.

Comment voyez-vous les relations futures dans les trente prochaines années entre la Perse et la Chine ? Ce sont deux très vieilles nations de l'histoire des hommes...

J'ai la conviction que dans les vingt ans à venir, les dix premières puissances économiques du monde ne vont plus être celles d'aujourd'hui, sauf bien sûr les

États-Unis d'Amérique et la Chine, qui se battront chacune pour la première place.

La Chine peut devenir, dans les trente à quarante prochaines années, la première puissance économique du monde, même si l'Amérique, par tous les moyens à sa disposition, essaiera de retarder cette marche vers la première place.

Pour être une grande puissance, l'Iran et donc « UIISL » doivent avoir des partenariats multiples et solides. La Chine, par sa taille, par sa place dans l'économie mondiale, mais aussi par ses progrès constants dans les sciences et les technologies, doit devenir l'un de nos partenaires principaux.

Nous avons beaucoup en commun avec la Chine et les Chinois, deux grandes et vieilles nations de l'histoire de l'humanité, une jeunesse très éduquée toujours disponible pour travailler et assoiffée de réussite, une ambition nationale d'être parmi les meilleurs et enfin, une vision semblable sur la place de l'économie dans la société et son rôle dans le progrès et le bien-être du peuple ; sans oublier notre proximité géographique en Asie.

Donc, la Chine doit être un pilier important de la reconstruction économique de l'Iran et la construction de cette union.

Vous êtes, quarante ans après votre départ d'Iran, réfugié politique. D'habitude, les réfugiés politiques prennent, après un certain temps, la nationalité de leur pays d'accueil.

Vous auriez pu devenir français, anglais ou espagnol.

Pourquoi êtes-vous toujours réfugié politique ?

Je suis réfugié politique parce que je suis iranien sans avoir le droit de retourner dans mon pays, et qu'on me refuse le passeport iranien.

Mon seul pays est l'Iran, et dès le premier jour quand je l'ai quitté, dès l'instant où j'ai demandé le statut de réfugié politique – qui était le seul qui pouvait me correspondre –, je savais que je n'aurais aucune autre nationalité, aucun autre passeport, aucun autre statut que celui de réfugié politique, jusqu'au jour où je pourrais retourner légalement et officiellement dans mon pays.

Il est vrai qu'il est très rare d'être encore refugié après quarante ans, car la majorité des gens, quelle que soit d'ailleurs leur origine sociale, au bout de quelques années prennent la nationalité du pays dans lequel ils vivent.

D'ailleurs, la plupart de réfugiés politiques de mon pays sont devenus des Américains, des Allemands, des Anglais, et quelques-uns des Français…

Mais tant que je serai obligé d'être loin de mon pays, tant que je serai privé de mon droit d'être présent sur cette terre que j'aime tant, le statut de réfugié politique est le seul qui me corresponde, parce que prendre une autre nationalité c'est perdre une partie de ma liberté par rapport à mes engagements éventuels. Prendre la nationalité d'un autre pays est la solution de la facilité, quand on ne peut pas avoir la sienne.

Donc je suis resté réfugié parce que je ne peux pas retourner officiellement dans mon pays.

Pourquoi ?

Essentiellement suite à mon combat contre la réélection contestée d'Ahmadinejad, qui m'a conduit à être un opposant, et pas n'importe lequel, la « ligne rouge à ne pas franchir » de la République islamique d'Iran, peut-être par ma personnalité, mon énergie, mes moyens financiers, mes réseaux, et peut-être aussi par tout ce que j'ai été capable d'accomplir en si peu de temps, jusqu'à l'élection du président Rohani.

Ma position a changé après son élection. J'ai annoncé publiquement, quelque temps après, que j'allais me mettre en conformité avec les lois de mon pays, arrêter mes activités d'opposant, fermer les divers médias que je finançais, stopper le financement de l'opposition intérieure.

Mais je pense que les autorités de mon pays n'ont pas été en mesure de justifier – compte tenu de leurs critères, « l'ancienne ligne rouge à ne pas franchir » que j'ai été – mon retour officiel ou ma présence sur le sol iranien.

Donc, en Iran, on vous considère encore un peu comme un opposant ?

J'ai toujours été, par mon côté secret et ma manière de gérer mes affaires, une personne très difficile à cerner.

Les très hautes autorités de mon pays ne me considèrent peut-être plus comme un opposant, mais ils n'ont pas encore trouvé comment me donner le statut d'« ex-opposant » pour pouvoir me permettre de rentrer officiellement sur le sol iranien.

Je pense qu'il était de mon devoir de donner du temps au temps et ne pas précipiter les choses, tout en cherchant à être utile à mon pays.

À quel moment pourrai-je revenir dans mon pays sans que cela crée des problèmes ?

Je n'ai pas aujourd'hui la réponse.

Bien que vous ne puissiez pas revenir dans votre pays officiellement, avez-vous des contacts réguliers avec les autorités de la République islamique d'Iran ?

La compréhension et la connaissance que j'ai essayé de développer à travers vos questions sur mon pays, la vision que j'ai pour son avenir et pour la région, ne peuvent pas se construire dans une pièce fermée et isolée, seul, à six ou sept mille kilomètres de l'Iran.

On ne peut pas bâtir pour son pays un dessein comme celui que j'ai exprimé s'il n'existait pas, au sein de la République islamique d'Iran, des personnalités capables de comprendre ma vision pour le futur, et de la partager.

Vous êtes très attaché à votre pays ; vous êtes par ailleurs entrepreneur, vous connaissez bien le milieu des affaires européen. Vous avez été un investisseur important dans des grands groupes européens, comme Vivendi en France. C'est votre intervention qui a permis la prise de contrôle d'Havas par Bolloré en juin 2005. Vous avez été à l'origine d'un projet d'OPA non sollicitée sur le groupe Vivendi en avril 2006. Vous savez visiblement nouer des alliances et les défaire… Quel est votre fil conducteur pour vos investissements ? Vous avez certainement des idées ou des concepts, pour développer économiquement votre pays ?

J'ai toujours eu une vision de long terme dans les investissements que j'ai initiés avec mes partenaires, cherchant la meilleure manière de créer de la valeur pour les actionnaires des groupes dans lesquels on investissait, mais aussi dans l'intérêt des collaborateurs de ces groupes qui constituent l'essentiel de la valeur d'une entreprise.

Je n'ai jamais été un investisseur passif ; quand j'entre dans un projet, c'est pour faire bouger les choses, renverser la table et tirer le meilleur de chaque actif.

En ce qui concerne mon pays, il faut qu'on remonte à l'origine des pourparlers qui ont abouti à l'accord nucléaire de 2015. Je soutenais cet accord pour deux raisons :

D'une part, je ne voulais pas la bombe atomique pour mon pays ; d'autre part, cet accord était le préalable à la levée des sanctions américaines indispensable à la reconstruction économique du pays.

Quand l'accord nucléaire a été signé, j'ai immédiatement décidé d'intervenir dans différents domaines d'activités, avec des partenaires industriels, tous européens et chacun leader mondial dans son secteur.

C'était difficile car, ne pouvant pas retourner dans mon pays officiellement, je ne voulais ni ne pouvais apparaître, pour ne pas créer de problèmes, ni pour les autorités de mon pays, ni pour mes partenaires.

C'est ainsi que nous avons mis en place des structures qui ne faisaient apparaître que mes partenaires industriels européens dans chaque domaine, même si les affaires étaient contrôlées par moi.

Par la suite et malheureusement, vivant en dehors de mon pays, je n'ai pas eu d'autre choix que d'acter la rupture de l'accord par les Américains, d'accepter l'ensemble des sanctions qui ont été rétablies, et l'ensemble des interdictions qui incombaient à tous les investisseurs vivant en dehors de l'Iran.

Si l'accord nucléaire du 14 juillet 2015 avait été maintenu, qu'est-ce que vous proposiez de faire en Iran ?

Si cet accord n'avait pas été rompu, je serais aujourd'hui probablement à la tête d'une structure, présente dans des activités très diverses, avec pour chaque activité le partenaire européen que j'aurais choisi.

Ces activités, qui étaient à des phases différentes, ont toutes dû être arrêtées ou paralysées, sans exception, car les sanctions américaines ne nous laissaient pas d'autre choix.

Dans quel secteur étaient ces entreprises ? Quels sont les secteurs d'avenir en Iran ?

Tous les secteurs d'activité en Iran à l'époque étaient des secteurs à très fort potentiel, mais ce que je peux vous dire, ce sont plutôt les secteurs dans lesquels je ne suis pas allé, et la raison de ce choix :

- Le secteur de l'automobile, parce que des grands groupes européens, en l'occurrence les deux leaders français, étaient déjà présents dans le passé, et avaient la capacité de retourner immédiatement dans le pays ;

– le secteur d'extraction de pétrole et de gaz, car il était très difficile de nouer des partenariats dans les conditions que je souhaitais avec les deux ou trois grands groupes européens du secteur ;
– le secteur de l'immobilier, où les compagnies locales avaient une bonne expertise et où je n'avais aucune valeur ajoutée ;
– et évidemment tout ce qui touche aux secteurs sensibles du pays, à savoir les activités militaires et de défense.

J'étais donc dans tous les autres secteurs d'activité où nous apportions avec mes partenaires une valeur ajoutée réelle, que ce soit par les moyens financiers, la technologie ou le savoir-faire.

Je peux vous dire que l'arrêt de ces activités m'a coûté très cher.

Mais le jour où j'ai pris la décision d'aider mon pays dans le cadre de l'accord nucléaire et la levée des sanctions, je savais, et mes partenaires aussi, qu'il existait un risque que les Américains puissent revenir dessus.

En tout état de cause, on savait qu'aucune banque européenne n'accepterait de nous financer de peur que les Américains ne puissent revenir un jour sur leur signature – ce qui est finalement arrivé.

Je suis un patriote et un entrepreneur, donc je prends des risques, je les assume, je m'adapte et je repars à nouveau.

En novembre 2016, Hillary Clinton aurait très bien pu être élue présidente des États-Unis, car elle avait 2,8 millions de voix de plus que Donald Trump. Si elle avait été élue, l'accord nucléaire de juillet 2015 aurait été appliqué. Qu'est-ce que cela aurait pu représenter pour vous et pour votre pays ?

Je dois vous dire que je n'avais pas prévu l'élection d'un président à ce point hostile à mon pays, qui déchirerait les accords de 2015 et qui remettrait tout en cause, en reniant la signature des États-Unis d'Amérique.

Donc vous avez raison, cela aurait pu ne pas arriver et vous m'invitez à un scénario de science-fiction, je n'aime pas trop, ce n'est pas mon exercice préféré, mais pourquoi pas.

S'il n'y avait pas eu ce bouleversement, mes activités auraient certainement continué – évidemment sans ma présence physique dans le pays –, je les aurais développées et elles seraient devenues sans doute, d'ici deux ou trois ans maximum, leaders incontestables dans leur domaine.

Je prends un seul exemple pour que vous compreniez.

Le secteur de l'assurance dans mon pays avait, et a toujours, un tel retard qu'il fait de l'Iran le marché d'assurance le plus vierge du monde.

Un nombre important de petites compagnies d'assurance, le plus grand étant lui-même un tout petit acteur, n'ayant accès ni aux technologies, ni au savoir-faire, ni aux moyens financiers nécessaires pour la conquête d'un marché de 80 millions d'habitants.

Donc imaginez un instant que j'aie pu être à l'époque – avec mon partenaire assureur européen – en capacité de mettre la main sur deux compagnies d'assurance iraniennes, par exemple les numéro cinq ou six du pays.

Vous pouvez imaginer ce qu'on aurait été capables de faire avec nos moyens financiers et le savoir-faire de mon partenaire. On aurait été en moins de quatre ans, maximum cinq, non seulement le numéro un du pays, mais on aurait été en position, le moment venu, de conquérir le marché des assurances en Irak, en Syrie et au Liban.

Donc, après avoir mis la main sur ces deux compagnies, les avoir redressées, fusionnées, et développées sur notre marché national de 80 millions d'habitants, nous aurions été les mieux placés pour le marché de cette future union « UIISL ».

En appliquant le même schéma à d'autres domaines d'activités où j'aurais pu être présent avec d'autres partenaires, vous comprendrez ce que tout cela aurait pu représenter en potentiel économique investi dans la reconstruction économique du pays.

Le tourisme est intéressant, parce que l'Iran n'est pas seulement un lieu de pèlerinage pour les chiites du monde entier, mais c'est aussi un pays qui a la mer Caspienne ainsi que des merveilles architecturales, on pense à Ispahan, à Chiraz, on pense au golfe Persique, aux montagnes... Pensez-vous que l'Iran a les moyens de devenir une grande puissance touristique ?

En d'autres termes, est-ce que vous étiez prêt à vous engager, en tant qu'homme d'affaires, pour que votre pays développe son énorme potentiel touristique ?

Mon plus grand projet pour l'Iran était (et est toujours) sa transformation en l'un des plus grands pays touristiques du monde.

Nous avons la capacité et les moyens, cela représente non seulement une source considérable de revenus pour l'avenir du pays, mais il est surtout indispensable pour son image.

L'Iran peut devenir l'une des plus grandes puissances touristiques du monde.

Quand mes équipes ont commencé à travailler sur le développement du secteur touristique, avec le soutien de ceux qui, à l'intérieur, nous aidaient dans notre réflexion, nous sommes très vite arrivés à la conclusion suivante :

Oui, Ispahan et d'autres grandes villes historiques sont des réservoirs immenses pour le tourisme en Iran ; oui, nous avons la mer Caspienne, et surtout le golfe Persique pour développer le tourisme de bord de mer.

Mais là où il y a LE grand projet touristique pour l'avenir du pays, là où on n'aura pas de concurrence, là où on sera seuls pour dominer un marché de plusieurs milliards de personnes en Asie, c'est la montagne.

Et c'est où ?

Dans les montagnes au nord de Téhéran, à seulement quelques dizaines de kilomètres, où il existe plusieurs stations de ski datant d'avant 1979 qui n'ont jamais été développées, et très en retard sur les normes occidentales, éloignées les unes des autres, faisant de ces stations isolées et sans envergure, situées dans un presque triangle de près de 16000 hectares, le plus grand projet de domaine skiable à développer au monde.

Il y a environ trois ans, je suis arrivé à la conclusion que ce qui transformerait mon pays en une grande puissance touristique est la création de ce grand domaine skiable, qui serait le produit d'appel pour les touristes qui, après avoir passé quelques jours au ski, vont passer le reste de leur séjour dans l'un ou plusieurs des nombreux sites historiques.

Bref, vous voulez faire les « Trois Vallées » en Iran ?

D'après les premières études, nous savons qu'on peut aboutir à un réseau de stations qui permettent d'envisager la création de 300 à 400 kilomètres de pistes de ski, reliées entre elles.

Le premier domaine skiable du monde étant les Trois Vallées en France avec 600 kilomètres, et le troisième étant en Autriche avec 300 kilomètres, on peut donc raisonnablement avoir comme ambition de construire et développer celui qui serait parmi les trois plus grands de la planète.

Beaucoup de travail a été effectué, sans que personne sache qu'un homme qui n'a pas le droit de mettre les pieds dans son pays a mobilisé autant de ressources et de partenaires pour analyser, étudier et trouver le lieu où serait implanté le cœur de ce futur domaine, quelque part au milieu de ces stations existantes dans ce presque triangle, dont la partie sud est à quelques kilomètres au nord de Téhéran.

En effet, il y a quatre stations de ski existantes, le travail essentiel était d'aller chercher au milieu de ces montagnes – avec l'autorisation des autorités – où implanter le cœur de ce domaine et comment transformer, développer et surtout relier l'ensemble de ces stations obsolètes, pour les transformer en un très grand domaine skiable.

Je me suis entouré des meilleures équipes qui puissent exister au monde pour étudier la faisabilité de l'opération, ce qui a été fait heureusement avant que le président Trump déchire l'accord nucléaire.

Un travail important a été effectué pendant presque deux ans, donc on sait exactement où doit être implanté le cœur de ce domaine, on sait quelle taille approximative il aura, on a même une idée de l'enveloppe du budget qu'il faudra, non seulement pour la création du domaine, mais aussi pour l'agrandissement et surtout la création d'un gigantesque aéroport (l'un des plus grands hubs du monde), mais aussi la rénovation et la création de l'ensemble des infrastructures nécessaires – la gestion des eaux usées de Téhéran, les routes et les chemins de fer pour acheminer les clients vers le domaine, l'ensemble de l'hôtellerie de la capitale… – pour transformer Téhéran en une capitale ayant la capacité de recevoir et faire transiter plusieurs dizaines de millions de touristes par an.

J'avais besoin pour ce projet d'une personnalité très forte, un homme qui puisse par sa présence, son expertise, son savoir-faire et son expérience, incarner la réussite.

Quand les sanctions seront levées, nous allons reprendre ce projet là où il a été arrêté, et si Dieu nous prête vie, à moi et à celui sur qui je compte pour ses conseils, plus qu'indispensables pour mettre le projet sur les rails, je serai le maître d'œuvre d'un projet qui va changer le destin du pays.

On a beaucoup parlé de ma vision, de la place de l'Iran et de son rôle dans la région, de cette union que nous devrons créer, mais il faut aussi que mon pays crée la confiance avec le monde.

Qu'est-ce qu'il y a de plus important et de plus constructif pour dire au monde que la République islamique s'ouvre, que de présenter un des plus grands, si ce n'est LE plus grand projet touristique du monde des deux décennies à venir ?

Il y a en Asie quelque quatre milliards de personnes qui vivent entre l'Extrême-Orient et le Proche-Orient. Il n'y a aucun domaine skiable digne de ce nom dans toute cette partie de la planète, allant du Liban au Japon, et l'Iran se trouve en plein milieu.

En créant le deuxième domaine skiable du monde en plein milieu de quatre milliards d'habitants, nous ne chercherons évidemment pas à faire venir chez nous ceux qui sont aujourd'hui habitués à skier à Courchevel, à Gstaad ou Saint-Maurice, mais ceux qui vivent dans cette partie du monde, qui n'ont jamais skié ou ne peuvent pas aller aussi loin qu'en Europe.

Donc, en prenant simplement un pourcentage infime de la population totale de cette région, l'Iran peut devenir l'un des plus grands pays touristiques du monde.

D'après les études préalables, avec un investissement de l'ordre de 50 milliards d'euros, nous allons construire ce grand domaine skiable, transformer la capitale de mon pays en l'un des plus grands lieux de transit touristique du monde et surtout le pays en une grande puissance touristique.

Sans oublier les Iraniens, qui bénéficieront de ce domaine pour leur loisir et des millions d'emplois qui seront créés durant les dix ans de sa réalisation.

Vous ne prenez pas un risque en dévoilant l'existence d'un projet de cette importance, qui pourrait tomber dans les mains d'autres investisseurs après la levée des sanctions ?

Personne d'autre n'aura la capacité de mener ce projet pharaonique. Je suis celui qui l'a imaginé, celui qui aura des partenaires occidentaux indispensables pour lever les fonds nécessaires – le moment venu – et pour le réaliser. Bref : le seul qui puisse être le maître d'œuvre d'un tel projet.

Et les financements, vous les trouverez où ?

Le financement n'est jamais le problème. Le problème, c'est l'affaire elle-même, c'est l'idée, les équipes, les partenaires.

On n'a jamais vu un entrepreneur qui avait une idée ou une affaire exceptionnelle et qui, faute de moyens financiers, ait été obligé d'abandonner.

Un entrepreneur est quelqu'un qui imagine, qui conçoit, qui s'entoure des meilleurs, qui prend les premiers risques avec ses propres deniers, et trouve, le moment venu, le financement nécessaire.

Croyez-moi, l'argent ne sera pas un problème

Comment faites-vous pour trouver si facilement de l'argent, quelle est votre botte secrète ?

Il n'y a pas de botte secrète.

À l'origine de tout, il y a un homme, qui a la capacité d'imaginer et de concevoir, de trouver les équipes et de les entraîner dans une grande aventure où l'argent viendra plus tard.

Aujourd'hui, l'argent est encore moins un problème, car on vit dans un monde très particulier, où il y a un excès de financement disponible, à n'en savoir que faire.

Aucun industriel n'a jamais eu de problème à chercher ou avoir accès aux moyens financiers nécessaires à son développement – ni André Citroën, ni Bernard Arnault, ni Steve Jobs, ni Elon Musk, ni les autres… – si son idée était valable.

Et vous, vous estimez que vous êtes un bon meneur d'hommes, un bon manager ?

Ce que je sais, c'est que pour ce chantier précis, je suis l'unique personne qui a imaginé ce projet, qui a fait les premières études et travaux nécessaires, qui a trouvé où doit être situé le cœur de cet immense domaine skiable, celui qui a les partenaires indispensables à sa réalisation.

Je suis celui qui a la vision, la capacité de donner l'impulsion, de trouver les partenaires et les équipes, et le moment venu, les moyens financiers.

Je suis donc l'unique personne qui puisse être le maître d'œuvre de ce projet.

Ce grand projet de domaine skiable que vous avez élaboré, comment avez-vous pu le faire, puisque vous ne pouviez pas rentrer dans votre pays ?

Je vais vous raconter une histoire, qui vous permettra de comprendre.

Quelque temps après avoir décidé de me mettre en conformité avec les règles de mon pays – après l'arrivée du président Rohani à la tête du gouvernement iranien –, j'ai décidé d'offrir à mon peuple, et surtout à tous les amoureux de foot, un grand match amical entre l'un des meilleurs clubs iraniens et l'un des meilleurs clubs du monde.

Il va de soi que je ne pouvais pas apparaître comme celui qui organisait et offrait ce match au pays. Je le savais et l'avais accepté, car je ne cherchais pas à tirer une quelconque gloire personnelle, mais apporter un peu de bonheur à mon pays.

Le Real Madrid ?

En effet, j'avais décidé d'offrir un match entre le Real Madrid et l'un des deux plus grands clubs de football du pays, et mon choix s'est porté finalement sur le club Persépolis.

J'ai eu de très longues discussions avec le président de ce club, pour arriver à un accord me permettant d'offrir – sur mes deniers personnels – ce match à mon pays, pour que le Real Madrid puisse jouer à Téhéran dans le stade Azadi (Liberté) qui, avec une capacité de 100 000 places, est l'un des plus grands du monde.

Je savais qu'en dehors du bonheur que je pouvais, modestement, apporter aux 40 millions de supporters du Persépolis – et au-delà, à tous les amoureux de football de mon pays –, l'organisation d'un tel match avec le Real sur le sol iranien – à un moment où beaucoup, en Occident, doutaient de la sincérité de mon pays dans les négociations nucléaires et de sa volonté d'ouverture – était de nature à changer, ne serait-ce qu'un peu, l'image de mon pays dans ces négociations cruciales pour son avenir.

Donc après plusieurs mois de négociations très complexes – pour des raisons que vous pouvez imaginer – avec le président de Persépolis, M. Royanian – un ancien haut gradé des forces de sécurité du pays –, on a déterminé le cadre de l'organisation de ce match amical.

Mais quelques jours après, il me prévient qu'il doit quitter la présidence du club, en insistant sur le fait que la personne qui allait le remplacer – que je ne connaissais pas par ailleurs – était au courant de tout et prendrait la suite pour mener à bien l'organisation de ce match.

Le nouveau président, M. Syasi, était aussi enthousiaste que son prédécesseur, et très vite on a décidé que le moment était venu pour que le patron de Persépolis vienne à Madrid afin de rencontrer le patron du Real Madrid, M. Florentino Pérez.

Nous avons donc organisé les formalités pour l'obtention des visas de M. Syasi et des trois collaborateurs qui devaient l'accompagner, ce qui, à l'époque, n'était pas chose facile.

Ils sont arrivés à Madrid la veille de notre rendez-vous, qui était le 1er octobre 2014.

Préalablement à notre rendez-vous, le directeur général du Real Madrid avait organisé une visite des installations du club, pour les dirigeants du Persépolis.

Quand j'ai vu pour la première fois M. Syasi dans le bureau du président du Real Madrid, au stade Santiago Bernabéu, il m'a demandé si je pouvais faciliter – en plus du match amical – un accord entre le Real Madrid et le Persépolis, pour qu'il puisse envoyer des jeunes footballeurs du Persépolis être formés au Real Madrid, et peut-être une école de formation du Real en Iran.

Je lui ai répondu que je ne savais pas si cela était possible, mais que je poserais la question au patron du Real Madrid, qui a tout de suite accepté le principe.

Nous avons, d'un commun accord, choisi le mois de juillet 2015 comme date pour ce match.

En partant, le président du Persépolis m'a demandé si on pouvait faire une photo où je serais présent à côté de lui et à côté du président du Real Madrid, ainsi que l'ensemble des collaborateurs, pour qu'il puisse la publier.

Je l'ai pris à part pour lui dire que c'était une très mauvaise idée, car si j'apparaissais sur une photo à côté de lui, cela poserait des problèmes pour lui et pour d'autres dans le pays, et surtout pour notre projet.

Je lui ai suggéré de prendre la photo sans moi, et qu'il annonce dès maintenant l'organisation du match pour le mois de juillet 2015, sans parler de moi, comme d'ailleurs son prédécesseur avait fait pendant toute la période des négociations.

Le nouveau président du Persépolis était un homme très charmant, très intelligent, très enthousiaste et très entreprenant.

Il m'a dit non, qu'il n'y avait aucun problème, et qu'on pouvait prendre la photo avec moi.

Je lui ai répété que c'était une très mauvaise idée mais il a insisté d'une manière telle que j'ai cru comprendre qu'il savait ce qu'il faisait, et qu'il avait l'autorisation pour le faire. J'ai donc accepté.

On a pris la photo et il l'a mise immédiatement sur sa page Facebook, avant même son retour en Iran.

Le soir même, il est reparti sur un vol d'Emirates, via Dubaï, pour Téhéran.

À son arrivée à Téhéran, il a été immédiatement arrêté à la descente de l'avion.

Il a été soumis à un long interrogatoire, au cours duquel ils ont cherché à comprendre comment il me connaissait, pourquoi il était venu me voir, quel rôle j'avais joué, et on lui a posé toutes les questions possibles et imaginables sur ses relations avec moi.

J'ai eu connaissance par la suite de l'ensemble des réponses qu'il avait fournies, c'étaient des réponses très courageuses. Sur sa relation avec moi, il a dit la vérité, que c'était la première fois qu'il me voyait.

Il a confirmé qu'il avait pris la suite des négociations entamées par son prédécesseur.

Quand on lui a demandé s'il savait que j'étais en relation très proche avec un pays « ennemi » du nôtre, il a répondu :

> « Je n'avais jamais rencontré M. Jahanshahi avant cette réunion à Madrid, mais je ne peux imaginer qu'un homme ayant le pouvoir de nous offrir ce match avec le Real Madrid puisse avoir besoin d'être proche de l'un de nos "ennemis". Et je ne le crois toujours pas. »

Quand j'ai appris son arrestation – car j'ai été prévenu avant que ce ne soit public –, je me suis senti responsable, parce que je n'aurais pas dû l'écouter, j'aurais dû l'empêcher de m'impliquer – malgré toutes les garanties qu'il m'avait données – pour ne mettre en danger ni lui, ni le projet.

Donc, M. Syasi a été libéré mais le match ne s'est pas fait ?

Le président du Persépolis a donné, le jour même, une conférence de presse pour expliquer en détail comment tout s'était passé, et cela a fait l'objet d'une grande polémique pendant toute une semaine, du fait que j'étais le sponsor de ce match.

Par la suite, il a été invité dans une émission de télévision très importante – en prime time – pour venir expliquer l'intérêt de ce match pour Persépolis et pour le pays.

Suite aux polémiques, le président de la commission des affaires étrangères du Parlement a demandé publiquement aux services de renseignements du pays :

> « Vous dites que Jahanshahi est lié à "l'ennemi" (des propos qui avaient été déjà évoqués publiquement à l'époque où je combattais Ahmadinejad), mais vous ne nous avez jamais apporté la moindre preuve, donnez-nous les preuves de son lien avec l'ennemi. »

Mais jamais aucune preuve n'a été apportée, ni publiquement ni en privé.

Quelques jours après, peut-être une dizaine, le président du Persépolis a été contraint d'annoncer que les conditions n'étaient pas réunies pour organiser ce match amical au mois de juillet 2015, et que cela devait être reporté (alors qu'après l'interrogatoire et pendant les premiers jours, il avait dit que le match se tiendrait bien au mois de juillet).

Il a finalement été arrêté le 3 décembre 2014 pour des « charges sans rapport apparent avec l'organisation de ce match ».

Combien de temps est-il resté emprisonné ?

Je me sentais responsable de son arrestation, car j'aurais dû lui refuser mon implication officielle et cela m'a tourmenté jusqu'à ce qu'il puisse être libéré.

Il a été finalement libéré le 1er juin 2015, avec une caution très importante.

Ce qui lui est arrivé était une injustice, car il était un serviteur loyal du pays, des amoureux de football et surtout des fans du Persépolis.

Est-il resté à la tête du Persépolis ?

Non, il a été évincé.

Est-ce qu'il n'y a pas eu division au sein du pouvoir entre ceux qui étaient favorables à ce match de football, et les autorités judiciaires, qui sont toujours plus conservatrices en Iran, qui y étaient opposées et qui ont donc fait procéder à l'arrestation du président du Persépolis ?

Je ne souhaite pas rajouter de l'huile sur le feu d'une affaire close, je n'aime pas les divisions qui existent dans mon pays, entre tel ou tel responsable, c'est dommageable, donc je vais essayer de répondre autrement.

Je comprends parfaitement la réaction de ceux qui ont procédé à l'arrestation du président du club Persépolis à la descente de l'avion, ayant appris que j'étais à l'origine de l'organisation de ce match amical au profit de mon pays. Ils auraient fait la même chose avec moi, en mille fois pire.

Je les comprends parce qu'à partir du moment où je représentais une « ligne rouge » à ne pas franchir, il leur était très difficile, à peine deux ans après, de dire que tout cela était de l'histoire ancienne. De surcroît, on me laissait m'offrir – avec mon argent – un match de football aux 100 000 fans du Persépolis au stade Azadi, en plus des dizaines de millions de téléspectateurs fans de football.

Donc, je peux comprendre leur réaction même si, évidemment, je la désapprouve, sur le fond et sur la forme.

Je comprends qu'une frange des décideurs de mon pays ne pouvait pas légitimer ma présence, surtout dans un domaine aussi populaire que le football.

Je les comprends, c'est pour ça que je ne voulais pas apparaître.

Mais c'est moi qui suis responsable, c'est moi qui aurais dû dire non, parce que je savais que ça ne marcherait pas.

Est-ce qu'il y a eu des gens qui, pendant ces quelques semaines de polémiques, ont pris la défense de ce match ?

Oui, ils étaient très nombreux à prendre la défense de ce match publiquement, et même dans les sphères du pouvoir.

Est-ce qu'ils auraient pu aller plus loin ?

Non. La meilleure chose à faire était de limiter les dégâts, pour que M. Syasi puisse sortir de prison.

Mais il ne faut pas en vouloir à ceux qui l'ont arrêté, parce qu'ils ont fait leur travail, et surtout, il ne faut pas en vouloir à ceux qui nous ont empêchés de réaliser ce match, car il faut toujours trouver un côté positif dans tout.

En l'occurrence, cela m'a permis de comprendre quelles sont mes limites dans ma nouvelle vie, jusqu'où je peux aller et au-delà de quoi je ne peux pas aller, si réellement je veux servir mon pays et mon peuple.

J'ai compris ainsi qu'il faut des années avant que je puisse envisager, peut-être un jour, de retourner ou de jouer un rôle officiel dans mon pays.

Donc cette mésaventure m'a permis de comprendre les limites de ce que je peux ou ne peux pas faire.

Ce match, je l'offrirai à mon pays dès que les circonstances le permettront.

Au moment même où vous essayiez d'organiser ce match de football entre le Real Madrid et le Persépolis à Téhéran, se négociait l'accord nucléaire qui finira par être signé le 14 juillet 2015. En tant qu'Iranien vivant en Europe, avez-vous eu un rôle quelconque dans la signature de cet accord, qui a été porté par trois pays européens, la France, la Grande-Bretagne et l'Allemagne, et par la Commission européenne ?

J'ai déjà dit à maintes reprises qu'il fallait tout faire pour faciliter la signature de cet accord. Il fallait se battre contre le scepticisme et la méfiance des dirigeants de ces trois pays, car la signature de cet accord était le préalable pour le développement et la reconstruction économique de mon pays.

Donc évidemment, comme tout patriote iranien, j'avais intérêt à ce que cet accord soit signé, et il était de mon devoir de faire tout ce qui était en mon pouvoir pour le faciliter.

Vous me demandez si j'ai joué un rôle quelconque dans sa signature.

Vous pouvez comprendre que si j'étais en capacité de jouer modestement un rôle quelconque pour décrisper certains malentendus ou à un moment faciliter certaines décisions, ce ne serait en aucun cas envisageable d'en parler ou d'y faire référence, ni aujourd'hui ni demain, ni peut-être pendant très longtemps.

Mais je vais vous expliquer quel était le contexte général avant et pendant ces négociations.

Quelques mois avant les élections présidentielles de 2013, j'ai senti que quelque chose devait se passer et que mon pays était mûr pour s'orienter vers l'abandon de l'arme nucléaire, en contrepartie de la levée des sanctions.

C'est dans ce contexte que j'ai décidé de soutenir Rafsandjani aux élections présidentielles de 2013 avant que sa candidature soit invalidée. C'est ainsi que j'ai apporté mon soutien à celui que Rafsandjani avait choisi de soutenir après son élimination, à savoir Rohani.

À cette époque, la chaîne de télévision et d'autres médias que je finançais ont été mis au service de celui qui allait devenir quelques semaines plus tard le nouveau président de la République islamique d'Iran.

Personne ne savait – au moment où j'ai décidé de le soutenir, en tout cas officiellement – que l'équipe du président Obama avait noué des contacts indirects pour commencer des négociations éventuelles avec mon pays.

C'est certainement le hasard, mais nous avons eu, le président Obama et moi-même – peut-être en même temps –, le sentiment que mon pays était mûr pour des négociations.

Quelques mois après, les négociations entre l'Iran et le groupe des « 5 + 1 » ont démarré.

Le président américain était décidé à réussir la signature de cet accord, et il avait tout à fait raison. La Chine, la Russie étaient aussi d'accord, l'Angleterre qui suit toujours plus ou moins la politique américaine également, et l'Allemagne ne posait pas de problème particulier.

Il restait un pays qui jouait le contrepoids à l'époque face aux Américains – qui étaient peut-être plus accommodants dans ces négociations –, c'était la France, bien plus mesurée que les autres membres du groupe des « 5 +1 ».

Son ministre des Affaires étrangères de l'époque, Laurent Fabius, était certainement le plus réservé de tous ses homologues dans ce groupe.

Mais finalement, la France a signé cet accord et le président Hollande a tout fait pour que cet accord soit bénéfique pour la France, tant économiquement que politiquement.

Si, à l'époque où il y avait des réticences et une absence de confiance pour la signature de cet accord, mes relations et mes amitiés avaient pu aider à faciliter la décision finale, je les aurais certainement fait jouer autant que possible…

Maintenant nous avons une situation où les affaires sont bloquées pour vous, puisque vous ne pouvez pas apporter à votre pays vos projets, qui impliquent des sociétés européennes menacées par les sanctions américaines. Mais avez-vous une ambition politique ? Envisagez-vous d'entreprendre un effort politique à l'égard de votre pays ou en son sein ?

D'abord, mes affaires sont bloquées parce que mes partenaires européens et moi-même n'avons d'autre choix que d'arrêter ou de mettre en sommeil l'ensemble des projets qui étaient en cours dans mon pays.

Ce n'est pas parce que les Américains ont décrété qu'on n'a plus le droit de faire des affaires avec mon pays, m'empêchant ainsi de l'aider économiquement, que je vais sauter sur une autre branche pour faire de la politique.

Alors, je vais poser la question différemment. J'ai bien compris que pour le moment, les projets de développement de votre pays, notamment dans le domaine du tourisme, ont été suspendus. Comptez-vous mettre en œuvre prochainement d'autres projets qui concernent l'Iran ?

Je considère que l'économie prime sur tout le reste, et la frontière entre la politique et l'économie est quasi inexistante.

Le peuple n'a que des préoccupations économiques, le bien-être et le mieux-vivre.

Oui, mon projet d'aider mon pays – à travers des investissements avec des partenaires industriels, tous leaders dans leur domaine d'activité, pour concourir à son développement en créant des grands groupes industriels – a été provisoirement arrêté, nous empêchant de créer de la croissance, de la richesse et de l'emploi.

Mais je pense toujours que l'économie est le moteur du changement et que la technologie, le savoir-faire et le financement que je pourrai apporter avec mes partenaires sont le carburant de ce moteur.

Il est vrai que ces projets étant momentanément à l'arrêt, tout ce qui a été investi là-bas ne vaut plus rien sur le papier, mais ce n'est pas la première fois dans ma vie que j'ai tout perdu sur le papier et regagné par la suite. J'ai la conviction qu'il en sera de même cette fois.

La valeur d'un investissement ne se mesure pas sur un, deux ou trois ans, mais sur dix, vingt ou trente ans.

Mais pour autant, doit-on rester les bras croisés ? Regarder les événements et ne rien faire ?

Peut-on regarder l'Europe impuissante face à la volonté américaine ?

Peut-on rester les bras croisés avec un ennemi à nos frontières qui veut rayer l'Iran de la carte ?

Peut-on continuer à ne pas expliquer les raisons de notre présence, en Irak, en Syrie, au Liban, à notre peuple et aux peuples de ces pays, au risque de créer des frustrations inutiles et dangereuses ?

Peut-on rester les bras croisés parce que les sanctions nous empêchent de développer nos affaires économiques en Iran ?

Peut-on laisser le peuple dans la souffrance due aux sanctions, jusqu'à son explosion ?

Chaque Iranien doit se demander ce qu'il peut faire pour son pays dans ces circonstances difficiles.

Chacun d'entre nous, là où il se trouve et dans la position où il se trouve, doit chercher à se rendre utile, et plus nous avons les moyens de l'être, plus nous avons le devoir de le faire.

À titre personnel, je dois me rendre le plus utile possible pour ceux qui sont à l'intérieur.

Que puis-je faire aujourd'hui pour essayer, avec mes moyens, qui sont infiniment petits par rapport aux obstacles américains, de trouver le chemin du dénouement de ces problèmes ?

On ne m'a pas laissé, il y a cinq ans, offrir un match de football payé sur mes deniers personnels. Certes beaucoup de choses se sont passées depuis.

Mais de là à imaginer pour moi un autre rôle qu'économique, à l'instant où nous parlons, c'est irraisonnable, irréaliste et contre-productif.

Je dois d'abord convaincre par mon énergie, mes moyens et mes relations, que je peux être utile à mon pays.

Alors si, après un changement dans la politique étrangère américaine, vous pouviez reprendre vos projets, qu'est-ce qui vous garantit que ces investisseurs européens reviendraient avec vous ?

Mes partenaires européens sont tous des industriels, à la recherche de débouchés pour leur savoir-faire, pour leur financement disponible et pour leur développement dans le monde.

Et moi, un entrepreneur, qui imagine et conçoit un projet, choisit les partenaires et les équipes pour les entraîner dans une aventure collective.

Je suis celui qui, comme tout entrepreneur, incarne l'aventure.

Nous sommes complémentaires.

Mes partenaires me font confiance, sur ma capacité et mes relations pour accéder aux affaires, et moi sur leur capacité à nous apporter leur savoir-faire et leur technologie pour les développer.

Je conçois la stratégie, le choix des cibles, les collaborateurs iraniens à l'intérieur du pays et la réussite de nos offres.

Eux conçoivent le plan de développement, le choix des collaborateurs européens qui doivent nous permettre de réaliser nos objectifs dans les différentes phases de nos projets.

Ils savaient, avant même que nous démarrions notre association, que je ne pouvais ni retourner officiellement dans le pays, ni apparaître comme partenaire dans mes affaires.
C'était la condition *sine qua non* de notre collaboration.

L'ensemble de ces partenaires sont des relations de longue date, je leur fais confiance autant qu'ils me font confiance.

Mes partenaires sont rentrés avec moi et nous avons d'un commun accord mis en sommeil, ou en arrêt, l'ensemble des projets en cours ; nous y retournerons dès l'instant où le problème américain sera réglé.

Quel est votre jugement sur l'organisation de l'économie iranienne qui, vue de l'extérieur, semble particulièrement inefficace ?

Si l'organisation de l'économie iranienne était particulièrement efficace, et que tout marchait bien, quelle aurait été ma légitimité ou ma valeur ajoutée pour retourner dans mon pays ?

C'est parce qu'il y a des problèmes dans l'organisation de l'économie, c'est parce qu'il y a de l'inefficacité dans la gestion des entreprises qu'il y a une place pour moi.

Évidemment qu'il faut tout rebâtir, qu'il faut tout reconstruire.

Oui, l'économie iranienne a des lacunes, en très grande partie dues aux sanctions de ces quarante dernières années, et à leurs effets.

L'économie du pays a été placée entre les mains des structures qui savaient comment fonctionner pendant ces sanctions, mais sans avoir accès ni aux technologies, ni aux moyens financiers en devises, nécessaires au développent pérenne de ces affaires.

L'économie n'a pas été libéralisée et est restée concentrée entre les mains de plusieurs fonds de pension et conglomérats iraniens.

Reconstruire l'économie iranienne n'est pas le travail de l'État, d'un gouvernement, d'un homme ou d'un financier, c'est un travail collectif.

Il faut une volonté solide et déterminée dans le pays pour dire que l'économie doit être privatisée.

Après la levée des sanctions, l'Iran avait ouvert ses portes, c'est ainsi que j'ai pu rentrer avec mes partenaires industriels.

L'économie était prête à s'ouvrir, et la privatisation était en marche dans beaucoup de domaines d'activité.

Il faut une privatisation à grande échelle, car c'est dans l'intérêt de tout le monde, et surtout ceux qui contrôlent les grands conglomérats, gravement pénalisés par le manque de technologie et de financement.

Avez-vous une idée précise pour relancer le secteur privé, qui est notoirement à la remorque du secteur public, incarné non seulement par les propriétés étatiques, mais aussi par les propriétés accaparées par les Pasdaran ?

C'est faux. L'essentiel de l'économie iranienne n'appartient plus à l'État ni aux Gardiens de la révolution mais à des grands fonds de pension iraniens, et quelques fondations religieuses, qui contrôlent aussi un certain nombre d'affaires.

L'essentiel de l'économie iranienne depuis plus de six ans est concentré dans ces fonds de pension ou des conglomérats, eux-mêmes contrôlés par ces derniers.

Mais ces structures souffrent d'une absence chronique de savoir-faire, de technologie moderne, de moyens financiers en devises et de management efficace. Exactement ce que j'étais en capacité d'apporter avec mes partenaires européens, dans les différentes affaires contrôlées directement ou indirectement par ces fonds de pension.

Les activités contrôlées par l'État ne peuvent être vendues ou privatisées qu'à travers un processus d'appel d'offres ; c'est parce que peu d'entreprises sont contrôlées par l'État ou les Gardiens de la révolution que j'ai pu – après la levée des sanctions – avoir accès aux activités qui m'intéressaient.

C'est ainsi que nous avons pu les négocier de gré à gré et non pas à travers des appels d'offres complexes.

Alors est-ce que vous avez un remède pour rendre l'économie iranienne plus efficace ?

Mon pays mérite mieux que de rendre simplement son économie plus efficace. Il faut voir grand, il faut rêver grand, et il faut réaliser grand.

Nous devons non seulement rendre l'économie efficace, mais surtout accélérer sa reconstruction et sa transformation, pour faire de l'Iran une très grande puissance économique.

Pour cela il faut réunir trois conditions :

– Une vision et une volonté au sommet de l'État pour fixer un cap et une perspective. Il faut, dès la levée des sanctions, mettre tout en œuvre pour que l'Iran puisse devenir en moins d'une décennie l'une des dix premières puissances économiques du monde.
  Nous avons les moyens humains, intellectuels, naturels et géopolitiques pour le devenir.

– La mise en place d'un écosystème et d'un environnement ultra-favorable à tous ceux qui sont disposés à prendre des risques, tous ceux qui peuvent créer de la richesse et de l'emploi, tous ceux qui peuvent développer l'économie du pays en apportant les technologies indispensables et les moyens financiers nécessaires à ce développement.

– Et enfin, indispensable pour notre souveraineté, les grandes entreprises doivent se développer et se transformer en restant sous le contrôle d'un actionnariat majoritairement iranien.

Cette transformation ne peut réussir que si l'économie est totalement privatisée, évidemment en dehors des secteurs sensibles de la défense et de l'armement, l'État gardant la haute main sur les décisions stratégiques qui définissent les grandes orientations économiques et sociales du pays.

Il faut que le secteur privé fasse confiance à la capacité de l'État de fixer ses grandes orientations, et l'État de son côté doit faire confiance au secteur privé pour les réaliser.

C'est ainsi que nous allons devenir une grande puissance économique.

Dans beaucoup de pays, il y a eu des institutions qui ont servi au développement, par exemple en France la Caisse de Dépôts et Consignations : préconisez-vous l'établissement d'une fondation qui aide au développement du secteur privé ?

Comme je l'ai déjà expliqué, il y a en Iran plusieurs fondations existantes, surtout plusieurs fonds de pension qui jouent ce rôle et qui ne sont pas des émanations de l'État, mais à cause des sanctions successives, ils n'ont pas les moyens de leurs ambitions et de leur développement.

Il faut, dans le futur, que l'État fasse confiance aux initiatives privées et aux entrepreneurs iraniens qui ont les technologies et les moyens financiers pour développer les différents secteurs d'activité.

C'est aux meilleurs de nos entrepreneurs que viendra la responsabilité de créer de grandes fondations, à l'instar des grands entrepreneurs américains. Comme vous le savez, je n'aime ni l'arrogance, ni l'impérialisme américains, mais j'ai une grande admiration pour l'esprit d'entreprendre de ce pays et le mécénat de ses entrepreneurs, qui donnent tout ce qu'ils ont créé à de grandes fondations pour continuer à innover et distribuer, plutôt qu'à leurs enfants dans un esprit dynastique.

Donc vous nous dites que les sanctions peuvent être levées, dans ces vingt-quatre mois, mais si les sanctions perdurent, vous allez attendre pendant dix ans ?

J'ai dit que les sanctions allaient être levées tôt ou tard, d'une manière ou d'une autre, et que d'ici vingt-quatre mois, nous devrons individuellement et collectivement nous préparer pour la période de « l'après-sanctions ».

Avant même l'assassinat du général Soleimani, j'avais dit qu'il y aurait un dénouement, mais son assassinat a rompu le statu quo précaire qui régnait, donc nous allons rapidement, peut-être brutalement, vers des événements qui aboutiront au règlement du problème et par voie de conséquence à la levée des sanctions.

Il va de soi qu'on ne peut envisager des projets de cette importance et construire l'avenir en attendant, impuissants, la résolution de nos problèmes avec les États-Unis d'Amérique suspendue au bon vouloir du président Trump ou à l'éventuelle élection d'un nouveau président.

Il faut provoquer le destin, s'il ne vient pas vers nous.

La situation dans laquelle se trouve mon pays est intenable, et d'ici douze ou dix-huit mois, soit on aura un accord clair et définitif avec les États-Unis d'Amérique, garantissant l'abandon par mon pays de la bombe atomique contre la levée des sanctions de manière immédiate, définitive et irréversible, ou bien cette poudrière qu'est le Moyen-Orient va exploser et on aura notre accord après.

Vous pensez vraiment être le Jean Monnet de l'axe chiite ?

Je souhaite continuer à développer ma pensée, en précisant ma conviction profonde que l'intelligence des hommes prime sur la bêtise et la cupidité, et qu'il est toujours possible de trouver un accord entre les États-Unis d'Amérique et mon pays, et peut-être paradoxalement plus vite qu'on ne peut l'imaginer.

Mais je reprécise, sans cet accord, l'Iran ne pourra et ne devra pas rester inerte et laisser un peuple sous pression, supportant des dysfonctionnements intolérables dans sa vie quotidienne, se transformer en une bombe à fragmentation qui emportera dans son explosion la nation iranienne et toute la région.

Sans un accord dans les douze à dix-huit mois, je crains que le statu quo qui a été rompu moralement par les Américains dans la région le 3 janvier 2020 soit rompu physiquement.

Vous pensez que l'Iran va aller « avaler » l'Arabie Saoudite ?

L'Iran n'a jamais avalé aucun pays, et n'a vocation à avaler aucun autre pays. En revanche l'Arabie Saoudite est un non-pays, sans structure étatique solide et surtout dépourvu de tout fondement qui définit une nation. Le clan qui le dirige est très divisé, l'armée – et à juste titre – n'a pas confiance en ses capacités à se défendre contre une attaque venant de l'extérieur, le milieu des affaires vit sous la menace du jeune désaxé qui les dirige – bref, elle n'a aucune capacité à résister face à un mécontentement populaire qui pourrait démarrer un jour par le peuple chiite qui vit dans la misère et qui pourrait déborder sur les masses populaires sunnites, qui ne vivent pas beaucoup mieux que la minorité chiite.

Ce n'est pas à l'Iran de décider à la place du peuple chiite saoudien, mais j'ai toujours dit que si le peuple chiite saoudien décidait de s'émanciper de la tutelle injuste et impitoyable du clan qui dirige ce territoire, alors l'Iran aurait le devoir d'utiliser tous les moyens adéquats pour venir en aide à ce peuple qui vit dans une situation de quasi-esclavage.

L'Amérique doit comprendre que l'Arabie Saoudite est notre ennemi, elle est responsable de l'humiliation de mon peuple depuis quarante ans, mais la levée des sanctions peut geler la réaction naturelle de l'Iran à cette humiliation impardonnable.

Vous avez des idées économiques novatrices pour l'Iran. Dans votre pays, l'économie est l'affaire du président et la stratégie de la guerre et de la paix l'affaire du Guide suprême. Il va y avoir bientôt des élections présidentielles en Iran, est-ce que vous songez à être candidat à cette élection, pour vous occuper des grands dossiers économiques et sociaux du pays, qui sont du ressort du président ?

Dans un monde où la répercussion des événements est devenue exponentielle, où plusieurs gros problèmes économiques et géopolitiques peuvent se juxtaposer pour devenir pandémiques, aucun Iranien n'est en mesure, un an et demi à l'avance, d'imaginer le contour politique et géopolitique de son pays ou de la région à la veille de cette échéance décisive que représentent les élections de 2021.

Personne, même parmi ceux qui sont à l'intérieur du pays et qui peuvent légitimement prétendre être candidats en 2021, ne sait si il ou elle sera en capacité, le jour venu, d'être l'homme ou la femme de la situation.

Personne de sensé ne peut prétendre aujourd'hui incarner l'avenir du pays dans un an et demi.

Me concernant, s'ajoute un problème de taille : je n'ai pas de passeport iranien, je suis réfugié politique, et je n'ai pas le droit de mettre les pieds dans mon pays.

Ma préoccupation aujourd'hui est d'être là où je serai le plus utile, sans créer de frictions supplémentaires, là où je pourrai créer un consensus et une adhésion, et non des divisions. J'avance sur mon chemin, sans précipitation, et ferai ce qui est en mon pouvoir pour me rendre utile.

Là où je suis d'évidence le plus utile, c'est dans le secteur économique, avec les différents projets que je veux mener à bien dès la levée des sanctions, dont ce gigantesque domaine skiable qui changera le destin de mon pays.

Mais il est vrai aussi que j'ai une vision très claire, très réfléchie et très mûre sur le rôle et la responsabilité géopolitique de l'Iran dans la région et sur cette union politique et économique que j'appelle de mes vœux (« UIISL »).

Je répète ma question : est-ce que vous voulez être le Jean Monnet de l'axe chiite ?

Le général Soleimani est certainement – par sa bravoure et ses conquêtes pour éliminer Daesh et autres islamistes sunnites terroristes à nos frontières, en sauvant l'Irak, la Syrie de la mainmise de nos ennemis – celui qui avait avant l'heure, peut-être même sans le savoir, bâti les fondations de cette future union.

Quant à moi, je serai certainement plus utile dans la reconstruction économique de mon pays et dans ce grand projet d'union, qu'en me présentant à une élection où d'autres pourront faire mieux que moi.

Le peuple iranien interprète mal notre présence en Irak et en Syrie parce qu'il pense que ce qu'on dépense là-bas vient en déduction de ce qu'on peut dépenser chez nous. Les peuples irakien, syrien et libanais ne comprennent pas l'utilité de notre présence chez eux, car personne ne le leur explique. Et enfin le monde occidental pense qu'on est des envahisseurs qui veulent créer un empire.

Quelqu'un doit expliquer la politique régionale de l'Iran, d'abord à notre peuple, ensuite à tous les autres peuples de cette future union, et enfin au reste du monde.

Je sais qu'il y aura l'adhésion de nos peuples et que le monde peut le comprendre. Mais sans un projet clair et défini, nous n'obtiendrons que des malentendus et des frustrations.

Je suis perse, chiite et fier de l'être, je ne cherche à ressembler à personne et je n'ai aucune autre ambition que de servir mon pays et d'œuvrer à la création de cette union.

En août 1963, devant une immense foule réunie à Washington, Martin Luther King a fait un très grand discours, « I have a dream » ; il avait un rêve pour la société américaine.

Amir Jahanshahi, aujourd'hui, en 2020, quel est votre rêve pour l'Iran ?

Il est toujours difficile de répondre à une question quand on nous compare, par notre pensée, notre ambition, notre rêve ou même les circonstances de notre vie, à de grands hommes.

Martin Luther King était l'un de ces très grands hommes.

Il s'est battu pour les droits civiques des Noirs et l'a payé de sa vie.

Il avait un rêve et il l'avait exprimé publiquement, à un moment où son souhait, je n'ose même pas dire sa volonté, ne pouvait être qu'un rêve.

Ce rêve – qui à l'époque a galvanisé tous les Noirs d'Amérique et au-delà, tous les démocrates et les défenseurs de la justice et de l'équité aux États-Unis – n'avait été compris – même par ses partisans – que comme une chimère, tant les inerties et les forces opposées étaient puissantes.

Or ce rêve, à l'époque irréalisable et inaccessible, non seulement s'est réalisé, mais a donné quarante-cinq ans après aux États-Unis d'Amérique leur premier président noir, celui même qui a signé l'accord nucléaire avec mon pays.

Qui aurait pu imaginer, le 28 août 1963, que ce rêve se réaliserait et qu'il serait couronné par cette élection ?

Le monde progresse car, à travers l'Histoire, de grands hommes en avance sur leur temps ont l'audace de « rêver » pour faire évoluer le monde et l'humanité, pour transformer et faire progresser les sciences, la santé, les technologies et donc notre vie quotidienne et notre bien-être.

Un rêve est par définition inaccessible, un souhait très fort que l'on espère voir se réaliser de notre vivant, sans qu'on ait prise dessus.

Pour moi, ces rêves successifs qui ont jalonné la transformation de l'humanité sont des croyances profondes incarnées par des hommes d'exception, qui se trouvaient au bon moment au bon endroit, et auxquels rien ni personne n'était capable de résister.

Ma « croyance profonde » – ce que Martin Luther King appelait un « rêve » – est accessible et à portée de la main pour mon pays. Car en moins de dix ans – en moins d'une génération – nous pouvons bâtir le Grand Iran et voir par nous-mêmes l'œuvre d'une génération transformer la vie et le futur d'au moins dix générations.

La nation iranienne, par son histoire, sa géographie, ses ressources naturelles et son intelligence, a non seulement la capacité, mais le devoir d'être une très grande nation, une grande puissance économique et politique, et tout au long de notre histoire, à quelques exceptions près, cette volonté a été le trait d'union de beaucoup de nos dirigeants.

Je veux qu'on bâtisse les fondements incontestables et définitifs du Grand Iran, un Iran puissant économiquement, politiquement, et respecté en tant que tel.

Nous n'avons pas à être d'accord sur tout avec toutes les grandes puissances, mais nous devons faire en sorte que ces grandes puissances nous acceptent, nous respectent et travaillent en confiance avec nous, comme nous avec elles.

Je veux que la nation iranienne soit fière de son histoire et de son présent. Je veux que nous puissions vivre dans la paix avec nos voisins, et pour cela nous devons être prêts, si nécessaire, à payer le prix de la guerre avec l'ennemi pour faire ensuite une paix claire et durable.

Être l'une des premières puissances économiques et politiques du monde signifie aussi l'accès au bien-être et au mieux-vivre lié à nos capacités, pour tout le peuple. Une grande puissance économique doit être en mesure de garantir le plein emploi, l'enseignement gratuit, la sécurité sociale, et une retraite digne pour l'ensemble de sa population.

C'est ce que nous devrons apporter à notre peuple en moins de dix ans, pour que chaque Iranien soit fier de lui-même, de son pays et de ses dirigeants.

Enfin, les peuples sont de passage, mais les pays restent.

Il faudrait que chaque génération d'Iraniens puisse considérer que le pays qu'elle laissera aux générations futures sera meilleur, plus grand et plus puissant que celui dont elle a hérité.

Il faut que les relations à l'intérieur de notre nation soient pacifiées. Et cette pacification ne peut venir qu'à travers le développement économique.

Il y a eu d'autres grands hommes à travers l'Histoire, qui ont eu de grandes visions et de grands rêves pour leur pays, qui se sont concrétisés par leur volonté et leur capacité d'entraînement collectif.

Il y a eu Napoléon après la Révolution française, petit homme sorti de nulle part. Rien ne le destinait à aller aussi loin, même si sa fin n'a pas été glorieuse. Mais il avait une vision, une volonté et un grand rêve pour son pays.

Pour lui, il n'y avait aucune place à « l'impossible ». Tout était possible et, jusqu'à son échec, il a toujours transformé tous les obstacles impensables et imprenables en victoires.

Il y a eu Churchill qui – le 13 mai 1940, devenu Premier Ministre, alors que l'Europe était entièrement sous les bottes et le drapeau noir du nazisme et du fascisme et que les États-Unis d'Amérique isolationnistes refusaient de rentrer en guerre – promit à son peuple « du sang, du labeur, des larmes et de la sueur », mais aussi et surtout « la victoire » finale.

Il fallait une « croyance profonde », incarnée par ces deux hommes d'exception, pour entraîner leurs peuples vers de telles réalisations.

Un rêve, mené par une volonté et par une capacité d'entraînement des masses vers un destin collectif, se transformera tôt ou tard en réalité.

Sans grand rêve il n'y a pas de grandes constructions, et sans volonté on ne peut entraîner tous ceux qui doivent participer à leur réalisation.

À l'instant où nous parlons, l'Iran est un pays en très grande difficulté, écrasé sous le poids des sanctions, peut-être même à la veille d'une guerre.

Dans ces circonstances, tout grand rêve pour mon pays peut paraître déraisonnable et irréaliste, tant le peuple est écrasé sous le poids des difficultés quotidiennes qui rendent la vie insoutenable.

Mais je sais que ma « croyance profonde » se confond avec le « rêve » persan, celui de la nation iranienne, celui de retrouver tout ce qui, à travers différentes époques de l'histoire de notre pays, pour diverses raisons, nous a été dérobé, et qui est aujourd'hui à portée de main :

Notre capacité à avoir des relations d'égal à égal – sans rien céder à l'essentiel – avec les grandes puissances de ce monde ; notre capacité à être acceptés comme une grande puissance, dans la région et dans le monde ; notre capacité à donner au peuple le bonheur et l'insouciance qui lui ont été dérobés par quarante ans d'humiliations orchestrées par l'Arabie Saoudite.

Mon rêve est ce Grand Iran, qui donnera sa grandeur à la nation iranienne.

Vous voulez faire des grandes choses pour votre pays, à 59 ans. C'est dix ans de plus que de Gaulle quand il arrive à Londres et déclare : « L'espoir demeure et si la France a perdu une bataille, elle n'a pas perdu la guerre. » Mais c'est huit ans de moins que de Gaulle à Matignon lorsqu'il lance les réformes visant à redonner à la France sa force intérieure et son rayonnement international.

À 59 ans, quel rêve formulez-vous pour votre destin ?

Il y a un poème de Kipling dont une version plastifiée m'accompagne partout. Je l'ai toujours avec moi, quel que soit le pays ou le lieu où je me trouve. Il s'appelle « Si » (« If » en anglais) :

« Si tu peux voir détruit l'ouvrage de ta vie
Et sans dire un seul mot te mettre à rebâtir,
Ou perdre d'un seul coup le gain de cent parties
Sans un geste et sans un soupir ;

Si tu peux être amant sans être fou d'amour,
Si tu peux être fort sans cesser d'être tendre
Et, te sentant haï, sans haïr à ton tour,
Pourtant lutter et te défendre ;

Si tu peux supporter d'entendre tes paroles
Travesties par des gueux pour exciter des sots,
Et d'entendre mentir sur toi leurs bouches folles
Sans mentir toi-même d'un seul mot ;

Si tu peux rester digne en étant populaire,
Si tu peux rester peuple en conseillant les rois
Et si tu peux aimer tous tes amis en frère
Sans qu'aucun d'eux soit tout pour toi ;

Si tu sais méditer, observer et connaître
Sans jamais devenir sceptique ou destructeur,
Rêver, mais sans laisser le rêve être ton maître,
Penser sans n'être qu'un penseur ;

Si tu peux être dur sans jamais être en rage,
Si tu peux être brave et jamais imprudent,
Si tu sais être bon, si tu sais être sage
Sans être moral ni pédant ;

Si tu peux rencontrer Triomphe après Défaite
Et recevoir ces deux menteurs d'un même front,
Si tu peux conserver ton courage et ta tête
Quand tous les autres les perdront,

Alors les Rois, les Dieux, la Chance et la Victoire
Seront à tout jamais tes esclaves soumis
Et, ce qui vaut bien mieux que les Rois et la Gloire,
Tu seras un homme, mon fils. »

Pour moi, comme dans ce poème, c'est la force de caractère d'un homme, sa capacité à encaisser les coups et les échecs, à apprendre, à s'adapter, pour rebondir, qui constituent le socle de son destin. Et donc pas son âge.

Vous me positionnez, à 59 ans, entre deux périodes importantes de la vie du général de Gaulle, où dans les deux cas, il a jailli par effraction dans le vide politique existant, pour façonner l'histoire récente de la France.

La première fois à 49 ans, il décida d'incarner la France alors que l'État français avait déserté son rôle, il n'était qu'un simple ex-sous-secrétaire d'État à la Défense, inconnu du grand public et réfugié à Londres.

La seconde fois à 67 ans il retourna après une très longue traversée du désert, quand la France avait besoin d'un nouveau souffle.

J'ai connu un très grand homme, un de ceux qui ont marqué notre histoire récente – certainement de la même stature que Martin Luther King ou que le général de Gaulle –, pour qui j'avais beaucoup d'estime et d'affection, de qui j'ai beaucoup appris, de sa sagesse et de sa force intérieure, toujours à la recherche de la paix dans les contextes et les circonstances les plus difficiles.

Un jour où on discutait, il avait alors plus de 90 ans, on parlait des nouvelles technologies et il m'expliquait de manière très détaillée la technologie d'une start-up qui allait être cotée en Bourse, et il me suggérait d'investir dans ces nouvelles technologies.

Je lui dis, de manière peut-être un peu maladroite :

« Mais comment arrivez-vous à suivre toutes ces évolutions technologiques ? »

Il pense tout de suite que je fais peut-être allusion à son âge et il me répond :

« Savez-vous quelle est la différence entre un jeune et un vieux ? »

Je réfléchis quelques dizaines de secondes, n'ayant aucune réponse pertinente je lui dis :

« Non. »

Et il me répond :

« Tant que le nombre de nos projets est supérieur au nombre de nos réalisations, nous sommes jeunes. »

Cet homme extraordinaire, qui incarnait la réussite, qui a marqué l'histoire récente de notre monde, me dit :

« J'ai aujourd'hui, et après tout ce que j'ai réalisé, plus de projets que de réalisations, donc je me sens jeune. »

Je lui dis :

« Alors, n'ayant aucune réalisation et ayant tant des projets fous pour mon pays, je dois être à peine un adolescent ! »

Et on s'est mis à rire tous les deux.

Il avait raison, ce qui détermine l'âge d'un homme – si son état de santé le permet – ce n'est pas son âge biologique, mais sa capacité à se projeter constamment dans le futur, à chercher à comprendre l'évolution du monde, prendre des risques et donc imaginer et engendrer des nouveaux projets.

Je ne me suis jamais fixé d'objectifs par rapport à mon âge, sauf peut-être une fois, j'avais 15 ans et j'avais de grands rêves pour mon pays, lorsque j'ai vu un film sur William Pitt. Il était devenu le Premier Ministre britannique à l'âge de 24 ans, avait fait face à la Révolution française et au début de l'ascension de Napoléon. Il est d'ailleurs mort subitement à l'âge de 46 ans en 1806.

Après avoir vu ce film, et dans mes délires de jeunesse, je m'étais fixé comme objectif de devenir le plus jeune Premier ministre de mon pays et battre le record de William Pitt dans le sien.

Très vite, les événements de la vie m'ont appris qu'on ne se fixe pas d'objectifs corrélés à notre âge mais à nos capacités, à nos compétences et aux circonstances de la vie.

Aujourd'hui, à 59 ans, après des échecs et des réussites, j'ai la maturité nécessaire pour vouloir contribuer au destin de mon pays.

Est-ce qu'aujourd'hui, à 59 ans, vous rêvez de devenir président de la République islamique d'Iran, puisque vous ne pouvez pas devenir le Guide suprême, car il faut un religieux et vous ne l'êtes pas ?

Vous revenez à la charge car vous m'avez déjà posé cette question.

Le président de la République islamique d'Iran n'est – par la Constitution – que le chef du gouvernement, et comme vous le savez, le chef de l'État est le Guide suprême.

J'ai de très grandes ambitions pour mon pays, vous l'avez compris, mais je n'ai pas l'ambition de devenir le chef de son gouvernement.

Je pense qu'on peut avoir de telles ambitions et servir son pays autrement qu'en étant chef du gouvernement.

Mais j'ai appris dans la vie qu'il ne faut jamais dire jamais, et ma place sera déterminée par mes compétences, mes capacités et les circonstances du moment.

Est-ce que votre ambition suprême n'est pas d'être cet Iranien qui scellera la réconciliation définitive entre la Perse et l'Occident ?

La réconciliation entre l'Iran et l'Occident, qui ferait disparaître ce malentendu qui bloque et complique tout, est une étape indispensable à mon ambition suprême.

Vous pensez que vous êtes le mieux placé pour réussir cette étape pour votre pays ?

Certainement. Qui d'autre que moi peut prétendre vouloir et pouvoir utiliser quarante ans d'expérience et surtout de relations et de réseaux en Occident noués par une profonde confiance mutuelle, pour les mettre au service de cette cause indispensable à la marche de mon pays vers le Grand Iran ?

Construire une grande puissance économique et politique n'a de valeur que si elle est durable.

L'Iran a été plusieurs fois une grande puissance. L'essentiel n'est pas de le devenir, mais de le rester. Pour cela, il faut créer les conditions d'une compréhension positive de la part de l'Occident, mais aussi de nos voisins.

J'élimine évidemment le cas des territoires saoudiens, car j'ai clairement expliqué que la coexistence de mon pays avec l'Arabie Saoudite sous sa forme actuelle ne peut être que provisoire.

Donc vous voulez rayer l'Arabie Saoudite de la carte ?

Non, je n'ai jamais dit qu'il fallait rayer l'Arabie Saoudite de la carte, c'est ce jeune désaxé qui, à la tête de son royaume, se vante de vouloir rayer l'Iran de la carte.

Est-ce que je peux résumer ainsi le vœu que vous formez pour votre destin : mourir entouré de votre famille chez vous en Iran – votre problème saoudien réglé –, dans un Iran qui serait redevenu prospère, respecté dans le monde, en harmonie avec les autres pays de la région et du monde, et où règne également – au sein de sa société – l'harmonie des classes sociales ?

Depuis l'âge de 18 ans, j'ai toujours la hantise de mourir dans mon lit, inutile et impuissant. J'ai peur tous les soirs avant de m'endormir et tous les matins avant de me réveiller.

La peur et l'angoisse quotidienne de mourir sans avoir pris tous les risques qu'il fallait, sans avoir tenté d'aller jusqu'au bout de mes capacités pour changer le destin de mon pays.

Ce vœu que vous exprimez – « un Iran qui serait redevenu prospère… » – est certainement le vœu de tout Iranien.

Quant à mon destin, s'il est confondu avec celui de mon pays, alors j'aurai pleinement contribué à la réalisation de ce destin collectif, qui est celui du Grand Iran.

Si vous arrivez à amener votre pays vers le destin que vous avez exposé dans ce livre, penserez-vous que vous aurez réussi dans la vie ou estimerez-vous que vous aurez réussi votre vie ?

On dit qu'il est très difficile de réussir dans la vie et réussir sa vie en même temps, et c'est probablement vrai.

Me concernant et malgré tous les désagréments que j'ai pu créer à ma famille, que j'aime tant, je sais que je pourrais me dire :

« J'ai réussi dans la vie car j'ai réussi ma vie. »

Cet ouvrage a été imprimé
par CPI Brodard & Taupin
pour le compte des éditions Grasset
à La Flèche (Sarthe)
en septembre 2020

Mise en pages PCA, 44400 Rezé

PAPIER À BASE DE FIBRES CERTIFIÉES

Grasset s'engage pour l'environnement en réduisant l'empreinte carbone de ses livres. Celle de cet exemplaire est de .
700 g éq. CO_2
Rendez-vous sur www.grasset-durable.fr

N° d'édition : 21623 – N° d'impression : 3040041
Dépôt légal : octobre 2020
Imprimé en France